Nietzsche
e o demônio do meio-dia

Jean-Baptiste Botul

Nietzsche e o demônio do meio-dia

Edição estabelecida e apresentada por
Frédéric Pagès

Tradução
Procópio Abreu

Editor
José Nazar

Companhia de Freud

Título Original
Nietzsche – et le démon de midi

Direitos de edição em língua portuguesa adquiridos pela
Editora Campo Matêmico

Editoração Eletrônica
FA - Editoração Eletrônica

Tradução
Procopio Abreu

Editor Responsável
José Nazar

Rio de Janeiro, 2006

FICHA CATALOGRÁFICA

B771n

Botul, Jean-Baptiste, 1896-1947
Nietzsche e o demônio do meio-dia / Jean-Baptiste Botul ; edição estabelecida e apresentada por Frédéric Pagès ; tradução Procópio Abreu ; editor José Nazar. – Rio de Janeiro : Companhia de Freud, 2007.

Tradução de: *Nietzsche et le démon de midi*
Contém dados biográficos
107 p. ; 23 cm

Inclui Bibliografia

ISBN 978-85-7724-014-2

1. Nietzsche, Friedrich, 1844-1900. 2. Andreas-Salomé, Lou, 1861-1937. 3. Filosofia francesa. I. Título.

06-4478. CDD 194
CDU 1(44)

Companhia de Freud

Endereço para Correspondência
Rua Barão de Sertório, 57
Tel.: (21) 2293-7166 • (21) 2293-9440
Rio Comprido - Rio de Janeiro
e-mail: ciadefreud@ism.com.br

Sumário

Apresentação 9
Frédéric Pagès

Cours Désir! 17

Louco por Lou 21

Caída de que estrela 25

Meu reino por um beijo 29

O egoísmo do gato 37

Nietzsche contra Nietzsche 45

Mais um esforço para ser libertino 53

Ácido nítrico 59

O demônio *midinette* 65

Lilith, Lou, Lulu, Lolita 69

Deus está morto, o demônio ressuscita 75

"Sou Prado"... 79

O Eterno Retorno mas não o tempo todo 83

O diabo assustado 89

Nietzsche na América 93

Elementos biográficos 101

Notas bibliográficas 103

Agradeço à Associação dos Amigos de Jean-Baptiste Botul por ter-me dado livre acesso a seus arquivos.

Apresentação

Antes da Segunda Guerra Mundial, era de bom tom nos meios universitários chamar o "botulismo" de filosofia "avariada" e de "pensamento chacuteiro" a pretexto de que, no sentido médico, o botulismo é uma doença, às vezes mortal, causada, sobretudo, pelo consumo de carne suína avariada. Houve um tempo, não faz muito, em que propagar o botulismo – no sentido filosófico do termo – era considerado um atentado à saúde pública. Trágico engano! Hoje, meio século após a morte de Jean-Baptiste Botul, a difusão do botulismo enfim é possível sem equívoco.

Mas não sem dificuldade. Após o tempo da injúria, o tempo do silêncio... Meio século de ignorância mal começa a se dissipar.

Deve-se admitir que Botul tem sua parte de responsabilidade nessa ocultação. Ao invocar a tradição oral e ao recusar deixar qualquer rastro escrito, ele contribuiu amplamente para o esquecimento de que foi vítima.

Seus vestígios não são numerosos. Dele só conhecemos, com certeza, as datas de nascimento (15 de agosto de 1896) e de morte (15 de agosto de 1947), bem como o lugar desses dois acontecimentos: a pequena aldeia de Lairière, no Aude. Quanto ao resto, devemos avançar com a mais extrema prudência. Sobre os pontos de doutrina, não há ortodoxia botulista. Quem pode se aproveitar de seu pensamento? Nenhum guardião dos textos sagrados pode ditar a sua lei. O comentarista deve ser humilde. Último representante em filosofia da tradição oral, Botul recusou fixar seu pensamento no papel. Nessas condições, editar suas palavras e comentálas por escrito é um pouco traí-lo, disso tenho consciência.

Se tento a aventura, se hoje apresento ao público esclarecido este discurso sobre Nietzsche, é porque a descoberta no "armário de Lairière" dessa "apologia de Botul" marca uma etapa decisiva no conhecimento do botulismo[1]. Ela nos esclarece sobre esse período dos anos 1930, quando o jovem Botul cede o lugar ao filósofo da maturidade. Período decisivo em que se efetua, não sem tempestades interiores, sua "conversão", que alguns chamaram, baseados no modelo heideggeriano, sua *Kehre* ("virada", "volta"). A esse respeito, o ano 1937 é um ano crucial. Ao mesmo tempo que perde o sotaque de suas altas Corbières natais, Botul toma a decisão de queimar todos os seus manuscritos e de não escrever mais nada. Despeito diante da recusa dos editores? Decisão metafísica ligada ao estatuto do escrito? Ignoramos as razões dessa escolha irreversível; sabemos que deixou desesperados os mais próximos.

Assim, entendemos o interesse desta "apologia" encontrada sob a forma de um texto escrito no papel amarelado de um caderno de escola maltratado, de capa azul lavanda. Dentro, as páginas estão recobertas de uma escrita elegante, sem rasuras, traçada à tinta violeta. Trata-se de uma transcrição que, a olhos vistos, não tem a mão do "Sócrates de Lairière". Logo, o mistério permanece inteiro. Deixo aos grafólogos o cuidado de esclarecer esse

---

[1] Nesse armário encontrado em Lairière, em 1996, estavam amontoados documentos cujo exame está em curso.

ponto. O essencial é que todos os especialistas do *corpus* botuliano estão de acordo em afirmar que esse discurso de fato saiu dos lábios de JBB.

Deve-se precisar em que oportunidade. Em 1937, aos quarenta e um anos de idade, Botul atravessa uma grave crise existencial. Após a Exposição Universal de 1931, em que foi assistente do general Lyautey, organizador da mostra, Botul viu-se sem um vintém. Abrigado pela condessa Émilienne de Queylard, alimentado, acolhido em sua mansão de Saint-Cloud em troca de umas aulas de filosofia, Botul está no fundo do poço. Após alguns anos, essa existência de parasita parece-lhe insuportável. "Educu"* – como ele a chama de maneira desrespeitosa – lhe arranja, então, um emprego de chofer particular depois de táxi. Não é a primeira vez que Botul exerce a profissão. Já em 1917, fora chofer de táxi em Buenos Aires onde tentara uma experiência de "taxiterapia", que alguns haviam qualificado de "nova psicanálise[2]". Em Paris, ele modifica o método e transforma as corridas tarifadas em aulas filosóficas, que ele batiza "corridas magistrais". Uma rua, um monumento, um prédio deixando o rastro de tal ou tal pensador são para ele pretextos a comentários. Ao pé da igreja Saint-Augustin, o cliente era premiado com um brilhante desenvolvimento sobre a graça e o pecado, ao passo que, no Palais-Royal, Botul fazia reviver a lembrança de Diderot e de Augusto Comte. Em Port-Royal, toda a honra cabia a Pascal e ao jansenismo, enquanto que, diante da igreja de Saint-Germain, Descartes era explicado em alguns minutos, a pretexto de que seu crânio lá estaria conservado. O circuito Concorde-Palais du Luxembourg permitia evocar Pascal, já que esse itinerário serviu ao autor dos *Pensamentos* para experimentar

* Trocadilho com as três iniciais do nome da condessa: É(milienne) du(e) Qu(eylard). (N.T.)

[2] Ver Frédéric Pagès, *Sur un fragment méconnu de Jean-Baptiste Botul* (Éditions Plurielle, 1999).

seus célebres "fiacres de cinco tostões[3]". No Jardin des Plantes, sem deixar o veículo, o "taximestre" – como Botul logo foi apelidado – dava aula de dialética, depois de estacionar ao lado do "chalé de necessidades" de que fala Hegel numa de suas cartas parisienses[4]. Até a torre Eiffel era pretexto para filosofia: Botul lá comentava a vida de Simão o Estilita, associando o célebre monumento à coluna onde dizem que o eremita viveu por trinta e quatro anos. Essas corridas magistrais tiveram tal sucesso, pelo que relata Émilienne de Queylard, que certas senhoras da alta sociedade hesitavam, para suas tardes culturais, entre o Collège de France e o táxi de Botul.

Esse sucesso prejudicou o nosso filósofo. Ocupado com suas aulas, com freqüência deixava de cobrar, para prejuízo da companhia que o empregava. Esquecia que o código de trânsito não está sujeito à interpretação e que policiais têm pouca escuta filosófica. O acidente que se temia aconteceu em 6 de janeiro de 1937. No cair da noite, Botul, que rodava lentamente à caça de um cliente pelas chiques avenidas arborizadas de Neuilly-sur-Seine, pegou uma jovem cliente chamada Héloïse Poisson, de dezoito anos. Ela lhe disse "*Cours Désir*!"*, o que Botul interpretou de maneira

---

[3] Na primavera de 1662, Pascal lançou essa primeira tentativa com seu amigo o duque de Roannez. Os fiacres partiam da *place* Royale seguindo as ruas Saint-Antoine, de la Verrerie, des Lombards, Saint-Denis. Ao atravessar o Sena no Pont-au-Change e no Pont-Neuf, depois passar pelas ruas Dauphine e de Tournon, esses precursores do "ônibus" chegavam ao ponto final, no Palais du Luxembourg. A experiência durou alguns meses.

[4] Numa carta à mulher, datada de 9 de setembro de 1827, Hegel menciona como uma curiosidade parisiense "chalés de comodidades inodoros" (Hegel, *Correspondance*, III, Gallimard, coll. "Tel", 1959, p. 163).

* [kur] em francês pode ter muitos homônimos, homógrafos ou não: *cours* [imp. de *courir*: correr], isto é, *corra desejo!*, tal como Botul interpretou; *cours* [curso], o destino de Héloïse (o Curso Désir); igualmente *court* [adj. curto], etc. Note-se, também, que Désir [Desejo], tanto pode ser um sobrenome anódino francês quanto o *desejo* em todos os seus sentidos. (N.T.)

intempestivamente freudiana como uma mensagem libidinal de conotação erótica, enérgica incitação à aventura dual. Na verdade, Héloïse era simplesmente aluna do Cours Désir [Curso Désir], na rua de Rennes, em Paris, uma instituição católica para moças sérias, e desejava ir ao curso para uma aula noturna. Pelo menos foi o que afirmou depois que o escândalo estourou. O que se passou exatamente entre a donzela e o pensador maduro no interior crepuscular do táxi? Nada é claro nessa história. Sabemos que a corrida durou a noite inteira. Héloïse só voltou para casa de manhãzinha, por volta das seis horas. Era a primeira vez que dormia fora. O casal Poisson imediatamente acusou Botul de corrupção de menores. Graças às relações de Émilienne de Queylard, o procurador arquivou a queixa e o caso foi abafado. Não por inteiro... Pois Botul não escapou a um processo diante do tribunal profissional dos taxistas, em que teve de se explicar sobre esse erro profissional: ele esquecera de pôr o capuz no taxímetro. E é assim que encontramos o nosso filósofo diante daquilo que a gíria dos taxistas parisienses ainda hoje chama "a Costeleta".

Assim, Botul foi julgado por seus pares, todos taxistas como ele. Era importante o que estava em jogo. Iriam deixar que ele ficasse com sua licença, isto é, seu ganha-pão? Ou seria excluído da corporação? Botul decide dispensar o advogado e preparar ele mesmo sua defesa, pronunciando um discurso conhecido sob o nome de "Apologia de Botul". É esse texto que hoje publicamos. Ele poderá ser lido vantajosamente em voz alta e a vários, conforme a advertência do próprio Botul: "Não raciocino bem se não ressôo."* Ao lê-lo, escutamo-lo e colocamo-lo no austero cenário do salão do Sindicato dos taxistas, cocheiros e fiacres parisienses, situado na

* Em francês, o trocadilho é perfeito pois *raisonne* [raciocino] e *résonne* [ressôo] pronunciam-se igual. (N.T.)

praça d'Aligre. Como mostram os arquivos do Sindicato, a audiência foi aberta às nove horas da noite quando os doze jurados juntaram-se ao presidente Bertin após terem trabalhado durante o dia. A sessão era pública.

***

A defesa de Botul tal como a nós chegou é inesperada. Ele afirma ter devolvido Héloïse aos pais "no estado em que a encontrara". Em outras palavras, não a teria tocado. Mas ao mesmo tempo se diz vítima de um *daïmon*, de um "demônio", o demônio do meio-dia. E para se fazer entender melhor, invoca um precedente célebre. Nietzsche. Diante desse júri de taxistas parisienses, ele vai abundantemente falar da vida do filósofo alemão, em particular deste episódio celebérrimo: seu encontro com Lou* Andreas-Salomé. Quanto a contar o que aconteceu nessa louca noite com Héloïse, Botul o faz de má vontade, dando a impressão, por suas numerosas digressões, de querer ganhar tempo, para vencer o júri pelo cansaço.

É uma escolha tática que se pode entender. Pois esses rudes profissionais do asfalto parisiense não mostravam um vivo interesse pela vida e a obra de Nietzsche. Segundo testemunhos concordantes, sabe-se que os doze jurados foram se juntando um ao outro no reino dos sonhos, desabados em suas poltronas, o que fez com que Botul dissesse: "É a primeira vez que um público me escuta de boca aberta."

Assinalemos, de qualquer modo, o caso notável do presidente Alphonse Bertin, apaixonado por filosofia, cada vez mais acordado ao longo das horas, à medida que ficava sabendo cada vez mais sobre Nietzsche. Uma exceção! De imediato, aquela alta figu-

---

* Em francês, pronuncia-se *Lu*. (N.T.)

ra da aristocracia operária deixara o acusado à vontade: "Sr. Botul, o senhor não é Sócrates e não estamos no tribunal de Atenas."

Na continuação do processo, Alphonse Bertin confirmou sua reputação de autodidata e diletante argüindo de igual para igual com Botul. Como notaram vários historiadores, esse ano de 1937 foi decididamente a idade de ouro dos taxistas parisienses no plano intelectual.

Entretanto, de madrugada, vencido pelo cansaço, Alphonse Bertin também entregou as armas e desabou na tribuna. Só restavam na sala algumas pessoas do público, e foi para elas que Botul se virou para terminar seu discurso. Depois, deixou a sala de audiência sem esperar que o júri e seu veredicto acordassem. Tomara a sua decisão. Não seria taxista nunca mais.

Para onde se dirigiu em seguida? Testemunhas afirmam tê-lo visto na estação do Leste tomando o trem para a Alemanha, com destino a Göttingen, sobre o túmulo de Lou Andreas-Salomé. Pois, em 6 de janeiro de 1937, Botul acabava de saber da morte ocorrida na véspera, na idade de setenta e seis anos, dessa mulher excepcional, que ele colocou no cerne de sua demonstração.

Outras testemunhas afirmam que ele voltou à sua aldeia de Lairière para escapar dos admiradores e outros clientes abandonados que lhe reclamavam corridas magistrais, até clandestinas. Em todo caso, após esse mês de janeiro de 1937, seu rastro fica perdido por pelo menos três anos.

Assim, ele terá sido fiel à sua resolução, a essa "Botul atitude" cada vez mais celebrada hoje, recusando obstinadamente qualquer publicidade, cultivando o anonimato com ardor e paciência como outros cultivam a notoriedade e a glória. Dias antes dessa defesa memorável, não havia ele confiado a um Jean Cocteau dubitativo: "Um momento de desatenção e a gente fica célebre"?

Frédéric Pagès

Cours Désir!

Senhor Presidente, senhores jurados, meus caros confrades,

Aristóteles, se tivesse conhecido os táxis, teria filosofado não a pé mas de carro. Para pensar, é preciso estar móvel. Ora, nada predispõe melhor ao pensamento que a paisagem sempre diferente de uma cidade e seus habitantes, a diversidade dos rostos e dos falares. Atenas conheceu a escola dos peripatéticos, Paris um dia poderia orgulhar-se de seus "taxipatéticos". Os senhores são a fina flor deles e meço a honra que me é dada de ser julgado pelos senhores, meus pares esclarecidos, que aceitaram parar um pouco para analisar o meu caso. A nobre assembléia dos senhores deu no passado prova de tanta sabedoria e discernimento que ela constitui um modelo para todos os tribunais profissionais. Logo, é com um coração sereno que venho defender a minha causa.

A noite já está bem avançada e não abusarei do tempo dos senhores. Quero apenas reduzir a nada a má querela que me é feita. Para além das histórias de taxímetro, de lampadazinhas e de capuz, é a minha honra que está em jogo. A cabine de um táxi é vasta o bastante para acolher todas as espécies de embates, e os senhores como eu sabem que casais de clientes disso não se privam. Mas é evidente que nós outros não temos o direito a esse gênero de bagatelas. Nossa deontologia nos proíbe isso. Nós taxistas somos como psicanalistas: recebemos marcas de amor que, na realidade, são destinadas a outros que nós. Devemos resistir a isso e reservar nosso local ambulante a um uso estritamente profissional. Abusei da minha posição? Sujei a reputação da nossa corporação? Não, afirmo isso solenemente: não toquei na Sta. Poisson, Embora ela se chame Héloïse, não imitei o grande Abelardo. O que me faz esperar que os senhores não vão imitar os carrascos dele e não me farão passar pelo mesmo tratamento... (*risos na sala*)[1].

Sei que tenho as aparências contra mim. Uma noite inteira passada com uma menor! Não vou lhes esconder nada. Quando entrou no meu táxi, Héloïse Poisson me sussurrou "Cours Désir", o que pode ser entendido de várias maneiras. Não pensei que se tratasse de um endereço parisiense, uma vez que nunca havia levado um cliente a essa honrada instituição. Eu ignorava que ela estudasse naquele lugar.

Desejo de minha parte não havia. Não gosto de fruta verde demais pois irrita a gengiva. Héloïse é muito jovem, jovem demais, sua flor precisa de algumas primaveras para desabrochar, e gosto não se discute, não é? Enquanto eu refletia nessa interpelação misteriosa – Cours Désir, *court désir*?[*] –, constatei com surpresa que ela estava sentada a meu lado. Como passara do banco de trás para o banco da frente? Tinha ela o poder de atravessar as separações de vidro? Ou de deslizar sob a porta? Olhei-a com o canto do olho e

---

[1] Abelardo (1079-1142), filósofo e eclesiástico, foi castrado por ter seduzido e desonrado a jovem Heloísa, sua aluna. Ela tinha dezessete anos, ele tinha quarenta.

[*] Logo: *Corra desejo, curto desejo*

fiquei impressionado com uma semelhança. Poucas horas mais cedo, eu tomara conhecimento, com dor, do falecimento de minha amiga Lou Andreas-Salomé. Eu estava sob o choque dessa triste notícia. Lou! Eu revia seus retratos de juventude... Eu olhava Héloïse. A jovem que eu tinha ao meu lado parecia como duas gotas d'água com a jovem Lou. O aspecto andrógino, a ausência de formas femininas, o olhar de fogo... Lou morreu, pensava eu, mas ei-la reencarnada sob os traços de Héloïse!

Na praça de l'Étoile, ela me diz:

– O senhor já entrou num prostíbulo?

– Não é entrar num que é vergonhoso, é não saber sair dele – disse eu citando Aristipo de Cirena.

– Quem está falando de vergonha? Leve-me a um bordel!

Empurrado por uma força estranha, embiquei na direção do Chabanais.

***

Louco de Lou

Eu estava de olho aberto. Minha situação não era brilhante, equilibrada num fio, em cima do abismo. Um gesto, uma palavra fora de lugar, um batimento de coração a mais e eu caía. Pensei em Nietzsche e disse a mim mesmo: "Sobretudo não devo fazer como ele!"

Estranho pensamento para o nietzscheano que sou: sobretudo não seguir as pegadas do Mestre, Frederico Guilherme Nietzsche, o filósofo que leio e releio há vinte anos.

Conheço bem demais o fim dele. Nietzsche morreu louco. Morreu louco de Lou. Especifico: morreu louco de algo que se encontrava em Lou e é dessa coisa que quero lhes falar. Ao me darem alguns minutos para evocar esse precedente filosófico, os senhores estarão prestando serviço à humanidade inteira, não só à sua metade macho mas também às nossas companheiras, nossas amigas as mulheres, para que saibam por que demônio às vezes são agitadas.

Acabo de pronunciar uma palavra que deve ser levada a sério: "demônio".

Sim, eu estava em presença do demônio do meio dia, aquele mesmo que tomou a pele de Nietzsche, ou antes a sua alma.

Eu o reconheci e o venci. Não cedi à tentação. Mas como convencê-los? Não existe Bíblia do táxi sobre a qual eu possa jurar. E se continuar a lhes falar de "demônio", vão considerar-me retardado e supersticioso. Dane-se, persisto e assino, assumindo o risco de que um júri filósofo como o dos senhores seja mais severo com um obscurantista inocente que com um racionalista culpado. Como fazer?

Primeiro, explicar-lhes o verdadeiro sentido do termo "demônio", tão escurecido pelos sacerdotes.

***

É o contra-senso comum: fazer do demônio uma pulsão. Como se o bacilo do carvão fosse uma pulsão! Como se a peste fosse curada com psicologia! Na verdade, um demônio ou, como diziam os gregos, um *daïmon* é um ser independente, exterior ao nosso cérebro e à nossa imaginação. Deixemos fantasias e outras projeções no vestiário! Sejamos claros: sem mim, o demônio que me assalta persiste e continua em outro lugar a fazer o mal. Ou o bem. Pois existem *daïmons* bonzinhos... O de Sócrates, por exemplo, sempre lhe indicava o que ele *não* devia fazer. Os senhores estão achando que os estou levando a tempos muito obscuros, muito longe atrás? Não, conduzo-os apenas ao fim do século passado.

Em Roma, em abril de 1881, quando encontra Lou, Nietzsche tem diante de si esse demônio. Mas ele não tem a vista boa. Vê apenas uma jovem. Aparentemente, ela nada tem de uma criatura tentadora: sem formas femininas, o peito inteiramente chato, andrógina, sem graça alguma, sem charme *sexual*. Mas que conversa!

Pouco após essa primeira apresentação, Nietzsche confia a um amigo que encontrou um ser "muito estranho". Não é homem, não é inteiramente mulher.

Nietzsche tem trinta e oito anos. Tem diante de si uma jovem de vinte e um anos. Seu nome é Liolia von Salomé, é russa, nascida em São Petersburgo. Liolia, isto é, "Louise" em francês, para os íntimos é Lou. Mais tarde, vai acrescentar a "Salomé" o nome do marido "Andreas", um marido esquisito de quem voltaremos a falar. Partindo de sua Rússia natal, Lou percorre a Europa tendo a mãe por guardiã. Esse ser móvel, vagante e extravagante, é de saúde frágil. A Faculdade acha que ela só tem alguns meses de vida. E no entanto, que vitalidade! Frágil e vivaz! Condensado de contradições, Lou é o verdadeiro oximoro[1].

Em 1881, ela não tem marido, não procura, não tem amante, não quer. E, mesmo assim, essa virgem atrai os homens com um magnetismo misterioso. É uma colecionadora de um gênero especial. Tem um faro para detectar os gênios, os pensadores, os poetas, os artistas fora do comum. Nietzsche é o primeiro da série, mas em seguida haverá Rilke e tantos outros... Sempre sofro quando ouço dizer que Lou Salomé é uma "*allumeuse*"[*]. Pois esse termo não lhe faz justiça. Ela é muito mais que uma *allumeuse*! Ela não põe fogo na carne mas no espírito de sua presa. É uma captadora de alma. Ela se insinua no mais profundo do indivíduo que a interessa, em sua intimidade espiritual, acha acesso graças a um dom especial, que podemos caracterizar como uma "estupeficante virtuosidade dialética", uma "penetrante inteligência", levada até uma sutileza de sofista", tal como escreve uma de suas amigas[2].

---

1 *Oximoro*: aliança de termos contraditórios, por exemplo, "uma obscura claridade".

* A *allumeuse*, de *allumer* [acender, excitar], é aquela que gosta de despertar o desejo e que, em geral, depois se faz de difícil, recusa. (N.T.)

2 Trata-se de Resa von Metis-Schirnhofer. Citado por Curt Paul Janz em *Nietzsche. Biographie*, Paris, Gallimard, 1985, t. III, p. 33.

Depois de entrar pela fissura que detectou, Lou cinde sua vítima e a deixa em pedaços. Foi exatamente o que aconteceu com Nietzsche.

"Uma voz na sala:

– E o táxi? E o Chabanais?

O presidente Bertin:

– Deixem o acusado falar!

Botul:

– Eu chego lá! Um pouco de paciência… Não acabei com Nietzsche."

***

Caída de que estrela

Quando me encontro numa estação italiana, costumo imaginar uma silhueta na plataforma, um homem não muito alto, mais para forte, vestido com cuidado, que avança com precaução no rastro de um carregador que leva suas bagagens. É o Viajante, é sua Sombra de partida para Gênova, Roma ou Turim, suas cidades de predileção... Vejo bem que esse homem, que não consegue decifrar nenhum painel, precisaria de alguém para acompanhá-lo em suas peregrinações: esposa, governanta, secretária. Aliás, é o que ele às vezes pede aos amigos. Mas nas estações, só tem a companhia de um carregador.

Entre a Itália e a Suíça, ele leva uma vida nômade, mas regrada como uma transumância: o inverno na Itália, o verão na montanha dos Grisons. É o clima, o ar, a luz, a umidade que determinam suas viagens. Ele não sai ao acaso, conforme a inspiração ou os encontros. Desde Gœthe, a Itália é uma vilegiatura muito apreciada por alemães cultos. Nietzsche lá tem alguns pontos onde parar, notadamente a casa da amiga Malwida. A pensão que ele recebe da cidade de Basiléia, na qualidade de professor inapto ao serviço, assegura-lhe uma renda regular mas modesta. Ele vive em pensões de família, arrastando as malas. Sofre muito dos olhos. Na verdade, está semicego, e muito sensível à luz. Dores prolongadas o obrigam a permanecer dias inteiros no escuro.

É solteiro. Às vezes declara desejar uma mulher, às vezes reivindica seu isolamento. A caridosa Malwida von Meysenbug quer fazer algo por ele. Procura para o amigo uma alma gêmea. Notou uma jovem russa, brilhante e original, denominada Lou, e arrumou um encontro na basílica de São Pedro de Roma onde Lou e o amigo Paul Rée têm seus hábitos. Uma capela do lado da nave central servia de gabinete de trabalho a esse filósofo para escrever um livro. Foi ali que Nietzsche, muito esquentado pelo retrato sedutor que Malwida lhe fez de Lou, descobre esse pássaro raro. A morada do papa para enfrentar o demônio do meio-dia: não se podia escolher melhor!

Os dois se encontram em 26 de abril de 1881. Eis em que termos o filósofo aborda a jovem:

"De que estrelas caímos para nos encontrar?"[1]

Nietzsche está inteiro nessa frase. De fato não é uma declaração espontânea. É poesia... Ou afetação. Nietzsche tinha tendência a falar como um livro e não só quando se encontrava sob as arcadas de uma basílica. Lou logo sabe que fisgou um peixe grande. Entendeu a mensagem do pensador bigodudo que tem diante de si: "Sou excepcional, você é excepcional." Ele não está errado, mas se engana na conclusão que disso tira em seu íntimo: "Somos feitos para nos entender."

Dias mais tarde, ela recebe – com um leve sorriso, estou se-

[1] Lou Andreas-Salomé, *Ma vie*, PUF, 1977, p. 80.

guro – o pedido de casamento que Nietzsche lhe faz chegar por intermédio de Paul Rée. O suspirante de Lou! Desde os primeiros momentos, o filósofo encadeia erros e deslizes. A partir de agora, vamos sofrer por ele como por um boxeador que apanha até o nocaute.

***

Meu reino por um beijo

Com Lou, Nietzsche adota a postura do sábio homem. "Desejo vivamente poder ser seu professor", escreve a ela[1]. Ele espera encontrar nela "uma aluna", "uma herdeira", "um discípulo"[2]. Mas Lou não tem por programa tornar-se a aluna, a herdeira, o discípulo de quem quer que seja. Tomar o néctar do pensamento e fazer dele seu mel pessoal é sua natureza. Pobre Nietzsche! Não passa de uma flor que pensa que é abelha.

É claro que está apaixonado, ainda que recuse confessar. Algo o incomoda no físico de Lou – a falta de feminidade –, mas o encanto está em outra parte. Com pavor e arrebatamento, ele descobre alguém com quem conversar. Robinson não está mais só na ilha. Divina surpresa: um ser humano pensa como ele e, além disso, é uma mulher! Ele não cabe em si. A mãe, a irmã de quem

---

[1] Carta de 26 de junho de 1882, citado por Rüdiger Safranski, em *Nietzsche, biographie d'une pensée*, Arles, Solin/Actes Sud, 2000, p. 235.

[2] H. F. Peters, *Ma sœur, mon épouse. Biographie de Lou Andreas-Salomé*, Paris, Gallimard, 1976, p. 101.

permaneceu tão próximo são tão limitadas. Que boa notícia descobrir no outro sexo "uma maneira de pensar heróica". Ele se confessa perturbado pelo "esplendor e a graça dessa jovem alma verdadeiramente heróica[3]". E eis que o herói depõe as armas: "Daqui por diante, quando você me aconselhar, serei bem aconselhado e não precisarei ter medo." Espantosa confissão!... A grande fera então tinha medo, como uma criança pequena... Se tivesse conhecido melhor a história de Hércules, que foi para gerações de gregos a encarnação do ideal filosófico – isso os surpreende, não é, os senhores que só vêem nesse semideus um pacote de músculos? –, se tivesse lembrado que Hércules apaixonado por Onfala havia deposto as armas para fiar lã com as mulheres, teria admitido que não se pode ser a um só tempo herói e estar perdidamente apaixonado[4]. Mas ele nega esse amor à primeira vista. Ao amigo Peter Gast, ele escreve: "você nos dará a honra de afastar de nossas relações toda suposição de namorico entre ela e mim[5]". Com efeito, não é de um namorico que se trata e sim de uma paixão.

Lou não arde. Nietzsche não é seu tipo. O caso está entendido desde o início, desde o encontro. Nada a ver com Paul Rée, por quem ela sente uma verdadeira ligação amorosa e que cobre de nomezinhos ternos – mas sem nunca ir mais longe. Por Nietzsche, com quem não tem cumplicidade alguma, nunca esteve seduzida. Esse homem incapaz de uma despreocupação nunca terá a cara-de-pau de lhe declamar a respeito de seu peito chato, estes versos de Voltaire:

---

[3] Rascunho de carta a Malwida von Meysenbug, junho de 1882.

[4] Durante o tempo que passou com Onfala, rainha da Lídia, Hércules usou vestidos compridos e aprendeu a fiar lã, enquanto a rainha ficou com a clava e a túnica de pele de leão.

[5] Carta a Peter Gast, de 13 de julho de 1882. (Nietzsche, *Lettres à Peter Gast*, Christian Bourgois, p. 312).

Que importa teu seio magro, ó meu objeto amado
Ficamos mais próximos do coração quando o peito é chato
E vejo como um melro em sua gaiola trancado
O amor entre os teus ossos, sonhando numa pata.

Ele tinha ali a oportunidade de fazê-la rir, e não de instruí-la... E talvez de evitar uma recusa. Pois é claro que ela respondeu não ao pedido de casamento. Ou melhor, para não melindrar Nietzsche, ela responde através de Paul Rée que, por razões financeiras, não pode aceitar. Como um professor em disponibilidade, com sua magra renda, poderia fazer face às despesas de um casal, etc.? É uma resposta diplomática, feita para preservar o futuro. Lou não quer fazer como Heloísa, falo da Heloísa do século XI que recusou a mão de Abelardo alegando que o casamento é indigno de um filósofo e uma mulher livre.

Em troca, Lou propõe um negócio, que não deixa de ser maligno: uma "comunidade" a três, composta dela mesma, de Nietzsche e de Paul Rée. O que ela batiza um "plano magnífico". Ela ali toca Nietzsche num de seus pontos fracos: a utopia de uma sociedade de pensadores, de uma comunidade filosófica, instalada em algum lugar ao sol, que permitiria estar só junto com muitos. Um sonho que ele acariciou por muito tempo, uma veleidade... Que lástima! Nada indica que tenha refletido na organização sexual de um tal clã e na coabitação entre livres-pensadores e livres-pensadoras.[6]

---

[6] Em 1884, três anos depois de encontrar Lou, ele ainda evoca esse projeto com Paul Lanzky: "Ele gostava de repetir-lhe, desenvolver diante dele, seu velho sonho: a constituição de uma sociedade de amigos, de um falanstério idealista igual àquele onde viveu Emerson" (Daniel Halévy, *Nietzsche*, Hachette, coll. "Pluriel", 1986, p. 393). Ralph Waldo Emerson (1803-1882), filósofo americano, tinha fundado em sua aldeia de Concord um cenáculo composto notadamente de Thoreau e de Margaret Fuller.

O plano de Lou, esse trio improvável, provoca a indignação de Malwida e de todos à volta que interpretam esse projeto como um *ménage à trois*, embora Lou evidentemente não imagine perder a virgindade nos braços de Paul ou de Friedrich. No entanto, Nietzsche acha esse plano efetivamente magnífico, faz dele quase uma canção.

Nem teto, nem trabalho, nem *ménage à trois*, nem "círculo de espíritos livres" – *freigeisterkoventikel* em alemão –: esse projeto nebuloso nunca verá o dia. Lou queria apenas capturar duas presas numa única jogada de rede. Quanto a Fritz, seu único objetivo era ter Lou só para si. É verdade que os momentos de intimidade eram quase impossíveis. Sempre amigos, sempre Rée o ciumento nas paragens... Enfim, um dia, a oportunidade de um *tête-à-tête* prolongado apresenta-se. Nietzsche está maravilhado, não sabe que está caindo numa armadilha mortal.

Em 5 de maio, eles sobem juntos as doces encostas do Monte Sacro, acima do lago de Orta, na Itália. Esse passeio sem testemunhas permanecerá para Nietzsche "o sonho mais maravilhoso da [sua] vida[7]".

O que aconteceu, então, nessa paisagem salpicada de igrejas e mosteiros dedicados à memória de São Francisco? Após Roma, aqui estão reunidos numa segunda basílica, a céu aberto. Após tantas falas, enfim gestos? Lou afirma não se lembrar mais: "Será que beijei Nietzsche no Monte Sacro[8]?" vai se perguntar anos mais tarde. Curiosa amnésia, curiosa questão que, convirão comigo, soa como uma confissão. Em todo caso, comovido com esse passeio, dias mais tarde, em Lucerna, Nietzsche faz chegar a Lou um segundo pedido de casamento. Ele afunda. Não compreendeu quem era Lou.

---

7 Lou Andreas-Salomé, *Ma vie*, note 38, p. 238.

8 *Ibidem.*

Ela de novo recusa mas lhe concede um pouco de consolo: quinze dias a dois num antigo presbitério em Tautenburg, na floresta alemã de Thuringe. Coabitação casta, desnecessário dizer. Admiremos o sangue-frio dessa moça: aceitar essa promiscuidade sem nada soltar a um homem perdidamente apaixonado que vem pedi-la como esposa por duas vezes... É ela quem conduz o jogo.

As manobras de Nietzsche são cômicas. Como um caçador que prepara as armadilhas, ele mandou instalar um dispositivo que crê indefensável. Ao longo do caminho que conta pegar com Lou, ele pede às autoridades locais que sejam colocados cinco bancos nos lugares de parada escolhidos por ele. O achado de que está mais orgulhoso: um banco circular envolvendo o tronco de uma faia. Tão romântico...

Lou chega, instala-se e lá estão eles na floresta. Quem é o lobo, quem é o chapeuzinho vermelho? As conversas avançam rápido, não só durante o percurso e as armadilhas para Lou, mas a tarde e uma parte da noite, durante longas vigílias no quarto do presbitério que Nietzsche reservou para a eleita de seu coração. É evidente que dormem em quartos separados, o que não impede o infeliz Paul Rée, sempre o suspirante número um, de inquirir por correio sobre a "conduta física" de Nietzsche. Essa gente tem o gênio do eufemismo. Elisabeth, a irmã de Nietzsche não fica longe tampouco, passa até alguns dias em Tautenburg, atrozmente ciumenta de ver o irmão "perdidamente apaixonado" pela "terrível russa". Nietzsche e Lou a ignoram, entregues por inteiro às suas conversas.

***

Eles portanto conversam. Só fazem isso. A armadilha voltase contra Nietzsche. Ele acreditava enfeitiçá-la com suas visões filosóficas, está prisioneiro das palavras, dos altos pensamentos. Nesse registro sublime, toda iniciativa física, toda passagem ao ato amoroso, uma simples mão pousada sobre uma coxa, seria uma incongruência imperdoável, uma brutal dissonância, uma degringolada na vulgaridade que valeria uma lembrança à ordem imediata. Que idéia falar ao espírito de uma mulher para conquistar seu sexo! A rede lançada cai sobre o caçador caçado. De qualquer maneira, com a Salomé dessa época, ele poderia ter falado de qualquer coisa, sem nenhum sucesso...

Do que falam, a propósito? "Nossas conversas nos levam para esses abismos, esses lugares de vertigem que às vezes só podem ser alcançados na solidão", escreve Lou a Paul Rée, acrescentando estas palavras que me interessam particularmente: "se alguém nos tivesse ouvido, acreditaria ter surpreendido a conversa de dois demônios[9]".

"Demônio" é o termo, pois é com religião que os dois ocupam os dias. Lou só pensa nisso. Seu primeiro livro, publicado um pouco mais tarde, em 1885, intitula-se *Im Kampf um Gott*, isto é, uma luta por Deus, cujos heróis estão em busca da paz de espírito após terem perdido a fé em Deus. Como é possível ser livre-pensador e feliz? O que fazer dessa "necessidade religiosa" que Lou julga a um só tempo irreprimível e impossível de satisfazer por um culto?

Nietzsche também é possuído por esse sujeito, ainda que não acredite na existência de uma "necessidade" religiosa natural. Mas sua ex-fé o incomoda. Filho de pastor criado no colégio luterano de Pforta, ele estava destinado à carreira eclesiástica, teve de estudar teologia e virar-se com esse plano de vida traçado quando nasceu. Não esqueçamos que seu último livro vai se intitular *O anticristo*, assim ele se apelida no fim da vida. Lou acertou na mosca, ela sabe disso: "Pergunto-me se é bom para ele falar comigo durante o dia, de manhã até de noite, em vez de fazer seu próprio

---

9 H. F. Peters, *op. cit.* p. 115.

trabalho[10]." Frase capital que lhes peço para guardar pois ela caracteriza a atividade do demônio do meio-dia, tal como vou lhes descrever em detalhes em alguns instantes. Mas quantas falsas questões sob a pena de Lou! É claro que ela o distrai de sua tarefa, é claro que ela o "seduz", no sentido primeiro do latim *seducere* que significa "levar fora do bom caminho". Ao traçar o circuito de seus passeios filosóficos, Nietzsche traçou a rota de sua perda.

Por isso é que as semanas aparentemente idílicas passadas em duo em Tautenburg são o início do fim. Nietzsche acreditou dar a exibição de sua força – o poder de seus raciocínios filosóficos. Nunca imaginou que uma mulher pudesse ser seduzida não pela força de um homem mas por suas fraquezas.

Na verdade, esse verão de 1882 é catastrófico para ele. É o ano em que Wagner triunfa em Bayreuth com *Parsifal.* Um triunfo que é mortificante para o ex-discípulo Nietzsche, o grande ausente dessas festividades... Em Bayreuth, o enfrentamento inevitável entre Elisabeth e Lou assumiu um aspecto mortal. Devo entrar no relato dessa guerra?

O presidente Bertin:
– Não, caro colega, fale-nos antes de Héloïse... o tempo passa.
Botul:
– Estou chegando, senhor Presidente!

***

[10] H. F. Peters, *op. cit.* p. 114.

O egoísmo do gato

Antes, deixem-me narrar-lhes o triste fim do herói desta verídica história.

Pode ser contado de muitas maneiras. A pretexto de que um grande filósofo está em cena, não somos obrigados a adotar o estilo sublime. A vida gosta de misturar os gêneros e esta tragédia também é uma comédia de bulevar. Por exemplo, entre Lou e Elisabeth, eu veria bem o seguinte diálogo:

Elisabeth:

– Pare de querer desviar o meu irmão, esse santo homem!

Lou:

– Santo homem? O que ele fazia com uma garota no quarto em Sorrento? Que tipo de genuflexão?

As duas mulheres não chegam às vias de fato porque estamos em boa sociedade. Mas Elisabeth vai sempre maldizer essa rival, até o fim da vida vai estar em manobras contra Lou, para sua eliminação total e definitiva. Lou nunca se rebaixará a responder a seus ataques. E é verdade que Elisabeth, do ponto de vista intelectual, não conta. Era tão feita para a filosofia quanto para o *french cancan*. Entretanto, gostaria de tomar a sua defesa por um curto momento. Nesta história, ela tem o papel ruim. Irmã abusiva! Roída de ciúmes! Mente estreita! De acordo, mas, graças aos seus ciúmes, ela vê bem que Lou está destruindo o irmão. Não só seus nervos mas sua reputação: nesse pequeno meio wagnero-intelectual, todo mundo sabe que Nietzsche está completamente apaixonado por Lou e que Lou não está. A célebre foto tirada num fotógrafo de Lucerna em que Lou, feito um cocheiro, finge chicotear Paul Rée e Nietzsche atrelados a uma charrete faz bem rir... O escândalo não está longe. Nesse jogo, Fritz arrisca perder sua renda da universidade de Basiléia... Elisabeth vê isso tudo imediatamente, ao passo que seu irmão gênio levará mais tempo para compreender que foi um brinquedo...

Mas voltemos aos nossos puxões de cabelos entre as duas mulheres. Sim, Nietzsche pagou, algumas vezes, os serviços de alguma garota de Sorrento... Ficamos satisfeitos por ele! O verdadeiro problema está em outro lugar, não na Itália mas na Alemanha. No Bayreuth, durante esse festival memorável de 1882, onde toda a Europa musical marcou encontro, Lou está como gosta. É um aspecto de seu gênio sempre estar presente ali onde é preciso quando é preciso. Na ausência de Nietzsche, ela faz charme para esses senhores os artistas, em particular um amigo de teatro de Wagner. Não mais que isso. Nessa época, com os homens, ela trabalha no platonismo. Elisabeth, que está presente em Bayreuth e não perde nada do jogo da outra, apressa-se em contar esses pecadilhos ao irmão. Nietzsche se ofende e chama à ordem a sem-vergonha que ele acaba de pedir em casamento. É evidente que Lou o manda passear. Reprimendas? Quem ele acha que é? Que direitos tem sobre ela? Não é seu amante, e ainda que fosse... O desentendimento se instala entre eles. Nietzsche se entristece, preso numa escolha estúpida: Lou ou Elisabeth. Uma virgem louca ou a própria irmã! A frustração ou o incesto!

Para sair desse dilema, ele teria feito melhor chamando a moça de Sorrento para uma noitada libertina. Mas não era o seu gênero. Passando do romantismo exaltado ao cinismo exagerado, não vê mais em Lou senão uma *allumeuse*, não mais uma cabrita ou uma águia, mas uma criatura de salão, trivial, coquete, narcísica, tristemente fêmea. Nada senão uma mulher em vez de "um ser tendo exatamente a mesma tarefa que eu[1]". Todas iguais, inclusive Lou!

Numa carta de ruptura endereçada à traidora mas nunca enviada, ele lhe reprova "esse egoísmo mau", "esse egoísmo de gato que não pode mais nada amar", "essa maneira de considerar o conhecimento como um prazer ao lado de outros prazeres". Se Lou tivesse recebido essa missiva, ficaria espantada. Por que a filosofia deveria ser heroísmo, ascese, sacrifício de si? A comparação com o gato não lhe teria desagradado. Doçura e garras...

Anos depois, ela própria definirá esse egoísmo de gato(a) nestes termos: "A grandeza da mulher reside na ausência de ambição. Ela é um organismo fechado sobre si mesmo que goza em si mesmo da felicidade de existir[2]." Essa máxima, que poderia fazer uma excelente definição da filosofia de Epicuro, teria horrorizado Nietzsche. Para Lou, esse "fechamento" é uma força, para Nietzsche é uma enfermidade. Eles estavam, e desde o início, nos antípodas um do outro...

Nietzsche tem a impressão de ter sido enrolado. Pensa que Lou pegou as manhas e artimanhas da filosofia mas que ele foi para ela apenas um degrau para a glória, uma etapa em seu de-

---

[1] Carta de 8 de dezembro de 1883.

[2] Carta a Frida von Bülow.

senvolvimento pessoal. Ela afinal não se fez de rogada, serviu-se dele como de um "professor", passando ao capítulo seguinte, continuando sua caça rumo a outros homens, outros europeus superiores, deixando atrás de si uma fila de estropiados. Do choque com Nietzsche, ela se safou sem um arranhão. Não que estivesse blindada! Ela recebia golpes mas a pele de seu coração logo cicatrizava. E danem-se os vencidos! Rée, com quem ela terá convivido cinco anos como um irmão, e que ela deixa pouco após o encontro com Nietzsche, vai se suicidar. Entre todas as provas por que teve de passar, não se percebe o menor período de grave depressão. Não há remorsos. Danem-se os fracos! Os homens são tão frágeis.

Nietzsche em particular... Após Tautenburg e o fim de suas últimas ilusões, ele está só, enquanto que Lou parte ao encontro de Paul Rée.

Ele rumina sua desfeita: "Eu achava que um anjo me fora enviado[3]." Um anjo, sim, mas de que obediência? Ele não tem resposta. Não sabe o que é o demônio do meio-dia... Volta-se contra si mesmo, pergunta-se como pôde amar um ser assim. Escutemos a litania de suas queixas:

– "Sou afinal vítima de um impiedoso desejo de vingança embora meu modo de pensamento mais íntimo tenha justamente renunciado a toda vingança, a toda punição – é esse conflito que me aproxima... da loucura[4]."

– "Não sei mais como viver; penso nisso incessantemente. Tudo isso é incompatível com a minha filosofia e a minha maneira

[3] H. F. Peters, *op. cit.*, p. 132.

[4] Carta a Overbeck, agosto de 1883.

de pensar... Até então, nunca odiei ninguém, nem mesmo Wagner cujas perfídias superavam de muito os atos de Lou[5]."

– "A dor é mais forte que a vida e a vontade. Ó que meses, que verão tive... Infeliz que sou, totalmente! Cinco vezes já, chamei a morte como médico e esperei que o dia da véspera tivesse sido o último[6]."

– "Esse conflito interior me leva passo a passo à loucura[7]."

– "Não me interesso por mais nada. No mais fundo do meu ser, uma negra e imutável melancolia... o pior é que não compreendo mais nem um pouco com que objetivo devo continuar a viver... tudo me parece fastidioso, doloroso, asqueroso[8]."

E, enfim, este grito do coração:

– "Sinto saudade até dos defeitos dela."

Ele aqui está perdido, desmembrado. Não consegue viver sua filosofia. Nietzsche tem dificuldade de ser nietzscheano. Seu fracasso com L.A.S. quebrou uma mola vital e causou, sete anos mais tarde, seu desabamento, disso estou convencido. Sete meses de inoculação, sete anos de incubação...

Os senhores sabem que bibliotecas inteiras foram dedicadas a esta questão: "De que morreu Nietzsche?" Questão estranha pois sua vida é conhecida quase dia após dia, talvez seja o filósofo cuja biografia é a mais estudada e sobre o qual é mais fácil ter documentos[9].

---

5 Carta à irmã, verão de 1883.

6 Carta a Overbeck de 18 de setembro de 1881.

7 Carta a Overbeck de 28 de agosto de 1883.

8 Carta a Overbeck, março de 1883.

9 Botul parece ignorar a retenção das informações praticada por Elisabeth Förster-Nietzsche (1846-1935). Única proprietária dos arquivos Nietzsche, ela não se privou de destruir certas cartas e documentos que considerava perigosos para a reputação do irmão.

O diagnóstico mais freqüente é o de sífilis. O jovem Nietzsche a teria contraído durante uma visita a um bordel quando era estudante e teria em seguida desenvolvido uma paralisia geral, da qual um dos sinais é a mania de grandeza. Será tão certo? Não me lançarei do alto da minha incompetência médica e psiquiátrica nesse debate. Cito apenas o Dr. Podach cujo livro se intitula *Nietzsches Zusammenbruch*, isto é, *O desabamento de Nietzsche*[10]. Esse especialista faz um resumo da doença e conclui modestamente: "É preciso resignar-se à idéia de que é impossível pronunciar um julgamento médico exato e definitivo sobre a doença de Nietzsche[11]."

O médico confessa sua impotência e é normal. Nietzsche é bem outra coisa que um caso médico. O mal que o aniquilou convida a ir além da psiquiatria. E por que se focalizar sobre Nietzsche? É Lou quem é o enigma. É o agressor quem é interessante e quem dá sua cor especial a um episódio que só terá durado, lembro-lhes, sete meses! Uma história tão curta e no entanto tão comentada... Da vida de Nietzsche, o grande público de fato só retém isso e não está errado. É uma história extraordinária, o choque de dois astros cuja deflagração ainda projeta tantas fagulhas sobre as nossas vidas. Se a vida de Nietzsche é extraordinária, em boa parte é graças à paixão – no sentido crístico do termo – que o fez morrer como um crucificado. Lou é o momento em que tudo balança, em que Nietzsche aposta tudo, em que vai para o tudo ou nada, como se faz no pôquer. Ele põe a vida sobre o pano verde,

---

[10] E. F. Podach *L'Effondrement de Nietzsche* (1931), tradução francesa: Paris, Gallimard, coll. "Idées", '978. Lembrança sumária: nos primeiros dias de 1890, em Turim, Nietzsche é vítima de uma crise de demência. Seu amigo Overbeck consegue repatriá-lo, primeiro para Basiléia, depois para Weimar, onde, sob a guarda da mãe, o filósofo leva uma vida cada vez mais vegetativa até a morte em 25 de agosto de 1900, na idade de cinqüenta e seis anos.

[11] E. F. Podach, *op. cit.* p. 177.

joga a solidão e a independência, isto é, tudo ou nada. Abandona os restos de seu ideal ascético e seus votos implicitamente pronunciados – pobreza, castidade – e projeta-se numa nova vida com uma mulher.

É o gênio de Lou dar vontade a um homem de tudo apostar nela e de acabar com os cálculos mesquinhos. No contato com ela, um burguês se transforma em jogador da própria vida e crê que o destino lhe faz sinal. As vítimas de Lou pensam "é agora ou nunca", "antes, não havia nada, agora há algo". Lou não é uma pessoa, é um acontecimento.

Nessas condições, por que condenar Lou, por que fazer com que compareça ao tribunal de nossos preconceitos pequeno-burgueses? Ela está para além do bem e do mal. Nada serve perguntar-se que gênero de mulher ela foi pois ela foi muito mais que uma mulher.

***

Nietzsche contra Nietzsche

Quando o vejo dilacerado a esse ponto, penso que ele poderia ter composto contra si mesmo um requisitório tão implacável quanto aqueles que escreveu contra seus dois mestres Schopenhauer e Wagner.

Nietzsche contra Nietzsche... um livro terrível... Com todas as contradições e as falhas do personagem. Por exemplo, esse amor masoquista pela solidão. O manto real com o qual se vestia estava cheio de furos, comido pelas traças da solidão.

Ah! ele nada tinha de um misantropo emburrado. Ao contrário, todas as testemunhas dizem isso, Nietzsche era no cotidiano um homem cortês, cultivando todas as aparências da civilidade. Quando descia de seu quarto e sentava-se à mesa de hóspedes de uma pensão familiar, podia conversar com qualquer turista alemão em visita à Itália ou à Suíça. Mas sob esse verniz social, *Herr Professor* só se interessava por si mesmo. Em sua correspondência, ele só fala de si, de sua vida, de sua obra, muito pouco das pessoas. Esse viajante não vê a Itália nem os italianos, que permanecem um cenário. Essa imprecisão na qual banha o mundo exterior não é apenas devida à sua miopia mas à alta idéia que tem de si mesmo. Como censurá-lo uma vez que a posteridade afinal foi da mesma opinião que Nietzsche para afirmar que Nietzsche é um gênio? Ao contrário de Wagner do qual uma das especialidades era deixar brutalmente um salão tão logo um convidado ousasse tocar outra música que não a dele, Nietzsche não era vaidoso. É de orgulho que falo, porque é de orgulho que é feita essa solidão. Ele se via obrigado a constatar que fora feito num único exemplar. E ousou pôr essa constatação no centro de sua obra. Pode-se ver nisso loucura, vejo nisso coragem. Aristóteles afirmava que a filosofia começa com o espanto do mundo. Nietzsche desloca a questão e espanta-se por ser o que é. Por que sou tão genial? Que mundo é este que pôde produzir um ser como eu? Sejam felizes, meus irmãos: este mundo pode ser salvo já que estou aqui, ele não pode ser inteiramente feio já que produzo pensamentos tão belos, etc.

Para expor o diamante que está em si, ele deve quebrar a ganga social e deixar todos os grupos: os alemães, os wagnerianos, os universitários. É um trabalho burilado, um trabalho de escultor, que elimina no bloco todo o supérfluo. Para ser o artista de si mesmo, Nietzsche não acumula (o dinheiro, os poderes, as mulheres, os conhecimentos, etc.), ele poda. Quando não dá certo, ele não busca quem poderia ajudá-lo, mas quem o infectou. Todo humano, até amigo – e Nietzsche mesmo assim tinha amigos – torna-se patogênico.

Se escreve livros, não é para provocar um debate.

Pois pensa que um bom livro defende-se sozinho, que não precisa de advogado, que um filósofo não tem de se defender, sequer argumentar, discutir. A discussão é a morte da filosofia! Se discutimos, é porque não estamos seguros de nós. Ou porque queremos ser educados... Mas, no fundo, por que responder a questões? Que perda de tempo! Nietzsche não propõe seus pensamentos, ele os professa, ele os propulsa. Seus aforismos não são feitos para os salões mas para o campo de batalha.

Mas, por outro lado, Nietzsche quer um público amplo para seus livros. Aflige-se com o insucesso deles. Fica à espreita de qualquer artigo. Quando, em 1886, Taine lhe envia algumas palavras anódinas de felicitações, ele exulta. Quando um professor dinamarquês chamado Brandes lhe anuncia, em 1888, que vai dedicar uma aula a seu pensamento, Nietzsche quase estoura de alegria, embora tivesse preferido um belo artigo... Notem a que ponto o reconhecimento é tardio: uma aula na Dinamarca um ano antes de sua morte intelectual. Até em seus derradeiros momentos de lucidez, Nietzsche terá permanecido um autor confidencial. Seu editor nem mesmo quer publicar a quarta parte do *Zaratustra*, que Nietzsche é obrigado a editar por conta do autor, com seus magros recursos, a uma tiragem de quarenta exemplares. Ele sofria o diabo.

Como é possível ser solitário e buscar o reconhecimento?

Acho que Nietzsche não agüentou o ritmo da solidão, como se diz de um corredor de fundo que não agüenta o ritmo. Foi por essa rachadura que Lou deslizou, até fazer o coroa estourar.

***

Para falar a verdade, a rachadura começara com Wagner. Nietzsche apostara tanto no mestre de Bayreuth! Para o jovem adepto, aquela música inaudita era a solução para os problemas da Europa, um elixir salvador que ia purgar os europeus de suas idéias guerreiras e chauvinistas. Como curar massas de seus instintos destruidores e de seu espírito de igrejinha? Tornando conhecidas essas óperas titânicas! Mas Wagner decepcionou Nietzsche, enquanto indivíduo – eles foram tão íntimos! – e enquanto compositor. O wagnerismo, que blefe! Que *páthos* para tanta frivolidade! Quando vemos o que acontece no Bayreuth hoje, como não dar razão a Nietzsche? Wagner pensava que Nietzsche ilustrava bem sua música ao passo que Nietzsche pensava que Wagner ilustrava bem a sua filosofia. Cúmulo da dor, o mestre ridicularizou – talvez a justo título – as pretensões de Nietzsche enquanto compositor[1]. E, finalmente, aquele que devia transformar o homem europeu soçobrou naquele nacionalismo e naquela carolice que deviam benzer em 1914 os *schrapnell* e a gorda Bertha[*].

Ao romper com Wagner, Nietzsche perdeu tudo: os sonhos de ação política, o círculo de amigos e até a reputação, já que o acusaram de ser simplesmente ciumento. Fica só. Terá de salvar sozinho a Europa. Adeus aventura coletiva! É preciso deixar tudo: Tribschen, Cosima, Basiléia[2]. Não é só uma decisão da mente mas um grito do corpo. Nietzsche não pode mais fisicamente ensinar e é por isso que a universidade suíça de Basiléia o coloca em licença de saúde. Nietzsche sufoca. Não pode mais respirar o ar da Suíça alemã, tem de fazer as malas e partir sob outro céu.

Se lhes conto tudo isso, enquanto vibra à nossa volta a noite parisiense, se me permito abusar do tempo dos senhores, é para lhes mostrar que a solidão italiana de Nietzsche resulta de um fracasso tanto quanto de uma escolha. A solidão que ele reivindicava era apenas isolamento.

Na verdade, era uma solidão povoada de fantasmas e murmurante de questões tais como: o que pensam de mim em Bayreuth? Sou levado a sério pela Europa culta? Etc. Nietzsche ficou preso a

---

[1] Segundo a recensão de seu biógrafo C. P. Janz, Nietzsche compôs umas trinta peças musicais (motetos, *lieders*, oratórios, poemas sinfônicos, etc.)

[*] O schrapnell (tipo de obus) e a gorda Bertha (canhão) são armas mortíferas alemãs da 1ª Guerra Mundial. (N.T.).

[2] Tribschen era a residência dos Wagner, situada perto de Lucerna (Suíça). Nietzsche estava secretamente apaixonado por Cosima, esposa de Wagner.

esses compromissos no intermédio das falsas rupturas. Não conseguiu se tornar "um espírito que repousa nas próprias bases[3]".

Por isso suporta tão mal a solidão. Por alguns gritos de vitória, quantas queixas escapadas em sua correspondência sobre essa "verdadeira vida de cão"! Escutemos mais uma vez o animal ferido:

– "Essas noites em que fico só, sentado em meu quartinho estreito e baixo, são pedaços difíceis de engolir[4]."

– Não sou fundamentalmente nem um pouco feito para a solidão e como não vejo mais de que maneira me livrarei disso, vem-me, quase todas as semanas, um tão repentino desgosto de viver que me deixa doente[5]."

– "Suporto a vida de manhã, mas não muito mais de tarde nem de noite[6].

Eis o que machuca a imagem de um solitário por vocação e por caráter!

Confesso que não foi sem tristeza que descobri esse aspecto de Nietzsche. Adolescente, devorei seus livros. Aliás, certos antinietzscheanos afirmam que se trata de um filósofo para adolescentes... Eu tinha desse homem a imagem de um herói, de um cavaleiro glorioso a marchar num passo resoluto para a conquista do mundo só com a força de seu pensamento. Acreditei que ele era um homem feliz e em boa saúde, transbordando de vida e generosidade, no sentido cartesiano do termo[7]. E depois descobri um ser

---

[3] *La Généalogie de la morale*, 3ª dissertação.

[4] Carta de 23 de julho de 1884 em Overbeck.

[5] Carta à mãe de 20 de dezembro de 1885.

[6] Citado por C. P. Janz, *op. cit.*, p. 138.

[7] A generosidade em Descartes é riqueza de temperamento e força de alma. Os Antigos a chamavam "magnanimidade".

doente, sofrendo o calvário, apelando para ajuda mas recusando a assistência de que precisava como ele mesmo confessa: "Minha natureza pouco prática, minha semicegueira, acrescentadas a tudo o que meu estado de saúde pode comportar como ansiedade, embaraço, desânimo, tudo isso costuma prender-me em situações que quase me custam a vida[8]."

Uma anedota que sempre me impressionou é a do trem perdido. Em 2 de abril de 1888, Nietzsche deixa Nice em direção a Turim. Tem de trocar de trem em Savona mas engana-se de correspondência e vai parar em Gênova. De novo a vista ruim, a emotividade também... Esse engano deixa-o doente por vários dias. O autor do *Viajante e sua sombra* era apenas a sombra de um viajante e ele diz: "De fato não sou feito para viajar sozinho: isso me agita demais de modo que sou estúpido em tudo o que empreendo[9]."

Então, por que não ter arrumado um secretário, uma criada? Falta de dinheiro, dirão... Não apenas. Se fuçarmos bem em sua biografia, percebemos algumas almas caridosas que cuidaram dele. Entre elas, confesso meu fraco por uma de Basiléia, a Sra. Roeder, que ele encontrava em Sils-Maria todos os anos e de quem Daniel Halévy nos diz que "apiedada pelo enxoval em mau estado do solteirão errante, ela se tornava a remendadeira de suas roupas. Cuecas, meias, tudo devia passar por suas mãos[10]".

[...][11]

---

[8] Citado por C. P. Janz, *op. cit.*, p. 161.

[9] A Peter Gast (*in Lettres à Peter Gast*, traduzidas por Louis Servicen, Paris, Christian Bourgois éditeur, 1981, p. 515).

[10] D. Halévy, *op. cit.*, p. 415-416.

[11] A transcrição aqui é ilegível.

Não nos enganemos aí, ele nada tinha de enfermiço. Entre dois acessos em que os olhos lhe doíam, entre duas crises morais, ele estava, se ouso dizer, em boa saúde. Sua constituição era robusta e seu regime saudável. A alimentação era frugal e os longos passeios a pé de que ele gostava mantinham-no em forma. Em suma, era um doente em boa saúde, em todo caso muito mais forte que a diáfana Lou a respeito da qual ele escrevia: "Temo que a saúde dela não dure mais que seis ou sete anos[12]." Ora, ele morreu aos cinqüenta e seis anos, ela, aos setenta e seis.

Qual a importância, os senhores me dirão? O filósofo não é responsável por seu corpo, ele só responde pela alma. Logo, pode ficar doente, enquanto não ficar doentio.

De fato? Não estou seguro disso.

Afirmo que, para um filósofo como Nietzsche, a doença e a morte prematura constituem objeções fundamentais. Por que não pôde realizar seu programa? Costumo me fazer a mesma pergunta a respeito de Spinoza e Descartes. Noto a contrariedade dos senhores, mas não largo o osso. Alguém que põe a vitalidade no centro de seus valores não deveria morrer tão jovem[13]. Ou, então, defendeu mal esses valores... Tenho dificuldade com esses filósofos da Grande Saúde que são traídos pelo corpo.

Temo que Nietzsche tenha vivido na denegação de si mesmo. Esse orgulhoso achou que podia se tratar sozinho, apenas por seus meios. No fundo, não julgava ninguém digno de cuidar de

---

[12] H. F. Peters, *op. cit.*, p. 122.

[13] Spinoza morreu de tuberculose na idade de quarenta e cinco anos. Descartes acreditou fundar uma medicina que o faria viver cem anos. Quando morreu aos cinqüenta e quatro anos, seus amigos ficaram consternados pois essa morte precoce soava como o fracasso do cartesianismo. Uma gazeta da época ironizou: "Um filósofo que havia jurado viver cem anos acaba de morrer em Estocolmo". Ver Frédéric Pagès, *Descartes et le cannabis*, Paris, Mille et une nuits, 1996.

seu caso – nem médico, nem conselheiro. Quem me conhece melhor que eu mesmo? Que pode cuidar de mim melhor do que eu? Ninguém, pensava.

Na verdade, ele confundiu o Eu [Moi] e o Si. O Eu [*Moi*] é o Ego, do qual é possível se livrar sem danos. O Si é o ser vivo, a quem é devido um mínimo de respeito. Nietzsche cultivou demais seu Eu [*Moi*] e negligenciou seu Si. Não conseguiu desprender-se de si mesmo, apesar da errância e das viagens. Onde quer que fosse, permanecia centrado em si mesmo, o mundo sendo apenas uma confirmação de seus pensamentos. Se tivesse ultrapassado a Sicília, se tivesse continuado até o Oriente, poderia ter-se perdido em multidões magnificamente indiferentes no exterior. Na Índia, por exemplo, poderia a um só tempo ter praticado a indiferença do Eu [*Moi*] e o cuidado de Si. Mas ele não ultrapassou Messina. Acreditou que o sábio devia "dispensar-se do dever de cuidar de si mesmo[14]". Erro fatal!

Quem pensa assim expõe-se às vinganças da carne.

O presidente:

– Senhor Botul, são agora três horas e meia da manhã...

Botul:

– Logo termino, Sr. Presidente, estou chegando! Mas antes...

O Presidente:

– Não, imediatamente!

Botul:

– Eu gostaria de lhes falar da sexualidade de Nietzsche. Se o senhor me der alguns minutos...

O Presidente:

– A sexualidade de Nietzsche? Concedido!

***

[14] *La Généalogie de la morale*, III, 8.

Mais um esforço para ser libertino!

Quando estourava de rir na cara da puritana Elisabeth ao afirmar que Nietzsche o eremita não desdenhava os serviços retribuídos de uma garota do Sul, Lou não estava mentindo. Mas não sabia tudo. Entre as peregrinações do filósofo, há a bizarra saída em Messina na primavera de 1882. Para lá fazer o quê? Na Sicília, Nietzsche não conhecia ninguém, lá não havia sala de ópera a ser descoberta. Não vejo o que para lá podia incitar nosso homem a não ser um certo desejo irresistível de carne fresca e barata (*protestos indignados na sala*)[1]. Não protestem e acreditem em mim! Quem quer fazer Zaratustra faz a besta![*] Ainda que Zaratustra desconfie

---

[1] Por diplomacia, Botul não chega ao fim de sua hipótese, particularmente desagradável para os integristas nietzscheanos. Pois se Nietzsche parte, na primavera de 1882, tão longe de suas terras, deve ser para praticar um certo turismo sexual, em busca de rapazes. Nessa época, muitos europeus amantes de adolescentes e efebos freqüentavam a Sicília, em particular Messina e sua comunidade alemã homossexual.

[*] Alusão à frase de Descartes: "Quem quer fazer o anjo faz a besta" [*Qui veut faire l'ange fait la bête*].

daqueles que buscam a castidade. Tão logo é esforço, disciplina, a castidade é ofensa à vida. Se deve existir, é na inocência, sem contenção. É assim que entendo esta passagem: "Verdadeiramente há os castos por essência; são de coração mais meigo, agrada-lhes mais rir, e riem mais que vós [...] Que é a castidade? Não é uma loucura? Mas essa loucura não veio ter conosco, não fomos nós que a buscamos[2]."

Ele assim define uma castidade que não seria recalque mas graça e dom. Para o Super-homem, uma hipercastidade... Ele decerto podia *pensá-la* mas podia ele praticá-la, não creio. Pelo menos enquanto estivesse em plena posse de seus meios... Pois, sem malícia, observo que essa "bobagem" superior veio ao Nietzsche vegetativo dos últimos anos, pregado em sua poltrona em Weimar. Casto porque idiota! Mas a castidade *no* sexo, a inocência adulta do primitivo e do negro, o olhar frio do libertino, ele só os entreviu? Não levou mais longe a reflexão rumo à crueza no sexo, negligenciando a aventura sadeana e sua tentativa de reconciliar perversão e natureza. Curioso para um discípulo de Dionísio... Quantos continentes inexplorados para nosso aventureiro do pensamento! Quantos limites! Mais um esforço para ser báquico! A única audácia que se pode reconhecer nele é uma defesa da prostituição, vinte e quatro séculos após Aristipo e os cínicos[3].

Quanto às mulheres ditas honestas, Nietzsche sempre as abordou com espantosa grosseria. Que pensemos em seus pedi-

---

[2] *Ainsi parlait Zarathoustra* ("De la chasteté", 1, 13, tradução Maurice Betz, Paris, Le Livre de Poche, 1966, p. 68). Trad. port. Alex Martins, Ed. Martin Claret.

[3] Por exemplo: "Que cessem de desprezar as putas: elas não terão mais, então, nenhuma razão de se desprezar [...] A infâmia não reside em nada na própria coisa, ela aí só é introduzida pelo contra natureza do cristianismo, uma religião que sujou até o instinto sexual" (*Masculin, Féminin*, Paris, éditions du Rocher, 1990, p. 161).

dos de casamento tão brutais quanto intempestivos[4]... Nietzsche faz parte da longa tradição desses filósofos inimigos do casamento cujos argumentos ele retoma quase ao pé da letra: a vida conjugal impede dedicar-se à reflexão, uma esposa não tem conversa, é preciso escolher entre fazer livros ou fazer filhos (*aut liberi aut libri*), etc. Ele toma como modelo Buda, que teria dito: "A liberdade está no abandono da casa". Uma máxima que pode ser interpretada de outra maneira que Nietzsche pois também significa que só é possível adotar o estilo de vida filosófico após ter tido esposa e criado filhos. Os ocidentais fazem filosofia quando são jovens e, em seguida, se casam. Tudo falso! Tudo ao avesso!

[...]

O que Nietzsche escreve sobre a mulher costuma soar falso. Piedosos comentadores nos explicam que suas invectivas misóginas devem ser lidas em segundo grau. Não vou entrar nesse debate. Afirmo apenas que Nietzsche ainda tinha um esforço a fazer para ser libertino. O século XVIII francês que ele tanto admirava, ele ali não teria sabido manter seu lugar. O que teria encontrado para dizer a uma Ninon de Lenclos. Que tinham ambos caído da mesma estrela...?

Nietzsche permaneceu a vida inteira um jovem luterano, criado pela infelicidade de seus instintos na atmosfera deletéria do piedoso colégio de Pforta, entre fantasias e amizades particulares.

[4] Em abril de 1876, Nietzsche pede em casamento Mathilde Trampedach, três dias após tê-la encontrado. Pega de surpresa, Mathilde recusa e Nietzsche declara-se imediatamente feliz com essa recusa. Como para Lou, ele próprio não fez o pedido mas escolheu um terceiro, no caso Hugo von Senger, que, pouco depois, vai desposar Mathilde.

Essa imaturidade impressionara Richard Wagner que declarara a respeito de Nietzsche e de alguns de seus congêneres: "Faltam mulheres a esses jovens senhores[5]."

As mulheres continuaram a faltar a Nietzsche quando este ficou mais velho. Seus inimigos não deixaram de apontar essa fraqueza. Depois de sua dissidência, os wagnerianos sem dificuldade criaram para ele uma reputação de onanista, homossexual, irmão incestuoso, tanto a coabitação com a irmã Elisabeth tinha o ar de uma vida de casal. Na verdade, Nietzsche o guerreiro não encontrou repouso nem no bordel, nem no salão, nem na alcova conjugal. Mas quem era, então, esse homem enquanto homem?

Não era Kant que arrumara para si uma vida de solteiro, sem mulher e sem danos. Para as tarefas materiais de todos os dias, Kant teve a sabedoria de contratar um criado, o chamado Lampe. Emmanuel o casto havia compreendido essa coisa essencial a seu equilíbrio: devia viver só mas com alguma outra pessoa. Para os cuidados do casal.

Quanto a Arthur Schopenhauer, que Nietzsche admirou depois criticou, estava calçado numa posição sólida que lhe permitiu viver velho e morrer tranqüilo. Sempre solteiro, jamais casto! Quanto ao resto, isto é, as exigências tragicômicas da carne, sempre havia na cidade alguma rapariga ocasional ou uma amante fiel. Não era muito original mas suficiente para conferir uma imunidade contra as mulheres-peixe, as mulheres-demônio que a existência coloca no caminho do homem só. Imunidade bem relativa... Nesse domínio, só se pode limitar os estragos. É bem o que queria dizer o velho Arthur em seu leito de morte ao soltar estas últimas palavras: "A gente se safou bem..."

Deixemos a moral de lado e julguemos estes dois regimes em seus resultados: Kant morreu aos oitenta e dois anos e Schopenhauer, aos setenta e oito anos.

---

[5] Citado por Rüdiger Safranski, *op. cit.*, p. 231.

Nietzsche tampouco era Descartes que coabitou com a criada holandesa Hélène e disso não fez mistério[6].

Muito menos era Abelardo, o fogoso professor que, entre dois comentários teológicos, sabia fazer a aluna Heloísa subir ao sétimo céu. [Uma jovem que se apaixona por nossas palavras e nos admira enquanto espírito, nós a viramos de bruços e traçamos. Depois, é possível fazer filosofia em bases sãs[7].]

Percebo que minha questão continua sem resposta: quem era, pois, esse homem enquanto homem? Talvez a minha questão esteja mal colocada. O sexo com certeza não dá nenhuma verdade fundamental sobre o indivíduo, como se prefere crer hoje em dia. Nessas condições, por que praticar esse gênero de exercício a respeito de Nietzsche? Por que buscar sua *humanidade* em sua *sexualidade*?

Preciso, pois, minha questão: que gênero de *animal* era esse homem?

Wagner dava uma chave quando notava: "Faltam mulheres a esses senhores." Não é forçosamente difamação. "Esses jovens senhores" designa esses intelectuais nascidos na primeira metade do século XIX, tarde demais para serem libertinos, cedo demais para serem freudianos. Para eles, o sexo não era mais uma bagatela mas não ainda uma religião. Esses jovens senhores não estavam em lugar algum... Uma geração perdida... Mal educada, mas com certeza ineducável... Cãezinhos misóginos sem defesa... No primeiro ataque feiticeiro, só podiam desabar como Nietzsche.

***

---

[6] No mais forte da polêmica desencadeada por Voet, este último acusou Descartes de viver com uma moça de taverna, isto é, uma prostituta. Essa Hélène Jans deu a Descartes uma filha batizada Francine, morta criança.

[7] Frase rasurada pelo transcritor, por razões de conveniência.

Ácido nítrico

Os senhores acham que me afastei de Lou Salomé e Héloïse Poisson. Nem um pouco! Não as perco de vista. Como as digressões tomam os melhores atalhos, proponho que venham comigo até o Egito. Para compreender o que se passou no fim do século XIX nesse pequeno círculo de russo-alemães emigrados na Itália, temos que nos despedir da Europa – ah, só por alguns minutos! – e penetrar no deserto de Nítria. O lugar onde ronda o demônio do meio-dia.

Estamos no século II de nossa era. Nesses lugares de rocha e areia, os fiéis se fazem raros nos templos dos deuses pagãos. Algumas velhas honram deuses moribundos, desfeitos pelo grande Deus do Evangelho, o novo mestre da Bacia Mediterrânea. Naqueles tempos, o último quadrado das antigas divindades entrara na clandestinidade no deserto. Esses resistentes eram "demônios" e esta palavra que significa "pequeno deus", "gênio", "divindade local", é preciso escrevê-la, por favor, com um "d" minúsculo e não com maiúsculo, como o Diabo dos sacerdotes, que nada tem a ver com os demônios de proximidade de que lhes falo[1].

Em outros lugares, são chamados "djinns".

O "demônio" do meio-dia é um deles. Esse djinn do meio-dia, que nada tem a ver com um aperitivo[*], vem tentar, isto é, combater os eremitas cristãos e os monges vindos conquistar seu território. Cada demônio tem a sua hora, uns atacam de manhã, já no despertar, outros esperam o cair da noite, outros ainda golpeiam ao meio-dia.

Meio-dia! É a hora mais quente do dia, hora infernal nessas paragens egípcias, a mais difícil de suportar para o eremita. Terna é a hora do crepúsculo, doces são as horas da noite quando as preces podem subir direto ao céu. Mas, ao meio-dia, uma chapa de chumbo cola no solo a alma que gostaria de se elevar até Deus.

É então que esse demônio especial vem visitar o solitário e propõe-lhe renunciar, fazer *forfait*, declarar obediência, assinar um pacto, isto é, uma *fides*, uma fé, reconhecer assim que seu Deus, embora se escreva com maiúscula, é inferior aos gênios do lugar. Levante-se e vá ao encontro do mundo! Vencido, o solitário deixará sua choça, sua grota ou o santuário que lhe serve de refúgio e partirá novamente para a cidade deixando o território para o inimigo.

---

[1] Botul tem razão, esse deserto era muito habitado: "Mais que um refúgio longe da corrupção do século e um lugar privilegiado onde Deus falaria mais diretamente ao coração do homem, o deserto, segundos esses antigos documentos, é o campo fechado onde o solitário mede-se com o demônio... é no deserto que, para o monge, se faz com o diabo o enfrentamento decisivo" (*Dictionnaire de spiritualité ascétique et mystique*, verbete "Démons et vices", Paris, Beauchesne, 1957).

[*] Em francês, a bebida gim [ou genebra] e djinn pronunciam-se igual. (N.T.)

É isso o demônio do meio-dia ou, segundo seu antigo nome, a *acédia*.

Uma palavra difícil de traduzir: desencanto, mal de viver, tédio, desânimo, melancolia. É a renúncia à tarefa, um acesso de preguiça que ameaça a salvação. Um amigo contou-me outro dia: "Quando tenho de escrever um livro e que devo ficar na mesa de trabalho, com freqüência me vejo de pé, fazendo uma tarefa de casa. Eu tinha começado fazendo filosofia e me vejo com uma vassoura na mão." Eu lhe disse que é um artifício comum do demônio do meio-dia. Ele sacudiu os ombros.

Desencanto, melancolia, desânimo, essas palavras não dão conta da acédia pois designam hoje sentimentos, afetos ao passo que a *acédia* é um ser que tem de ser reconhecido, detectado, identificado e "tratado", como se trata um micróbio ou um bacilo. Pasteur não inventou os micróbios, não os encontrou em seu psiquismo mas no fundo de seus tubos de ensaio. Sejam pasteurianos com o demônio do meio-dia, não o considerem como uma projeção mental, uma fantasia. É um ser, entre algo e alguém.

Assim, *acédia* não é o nome comum de uma doença, é o nome próprio de um agente vivo, não tão fácil de descrever. Os senhores compreenderão que bibliotecas inteiras, um pouco empoeiradas – poeira do deserto! – lhe tenham sido dedicadas. Na verdade, para lhes falar disso, o tempo me falta. Como *acédia* mutou um dia para se tornar melancolia, depressão, crise do meio da vida... Sou obrigado a engrossar o traço. Guardemos a palavra "demônio", ela não é tão ruim...

Para lhes explicar brevemente a minha posição, direi que sou incrivelmente arcaico. Egípcio até o osso! Vou sempre preferir reler os memorialistas do deserto, os João Cassiano, Evagro o Pôntico, Gregório de Nissia, Basílio de Cesaréia, João Clímaco, Barsanufo de Gaza, mergulhar nos relatos desses enviados especiais a Nítria que foram Antônio, Pacomo, Melânia, Macário, em vez de ler um tratado moderno de psicologia[2]. Por que carregar o homem moderno com um fardo interno, por que o tornar pesado de um "psiquismo" e de demônios "interiores"? Paremos a psicologia, reencontremos a demonologia! Tratemos os "demônios" e os "gênios" como biólogos, vejamo-los crescer num certo meio, sempre ligados a um solo. Os deuses do deserto fizeram "ninho" como uma espécie animal que soube se adaptar à areia e às pedras. Será que esquecemos que um deus cresce da mesma maneira que uma árvore? Os demônios têm corpos, podemos nutri-los, oferecer-lhes bichos, agradar suas narinas com perfumes, eles nos falam, nos apalpam, sabem as portas de entrada para nos infestar, sabem que partes do corpo podem acolhê-los. Tudo isso é objeto de um saber arcaico de que sou o único depositário na Europa e que chamo a "djinnética".

Sinto que os senhores daqui a pouco vão me perguntar se *acredito* nos djinns e nos demônios. Mas quem lhes fala de acreditar ou de não acreditar? Por acaso alguém lhes pede para acreditar na eletricidade? Os senhores vivem com ela, dentro dela, é uma presença evidente. E a TSF que já não os espanta mais[3]? Os senhores pensam que os egípcios e todos os africanos são loucos mas nós somos bem mais agitados que eles por invisíveis. As vozes do deserto são irrisórias em comparação com as vozes do rádio e do telefone que nos assaltam dia e noite.

Paro aqui, vejo que os senhores estão me tomando por um louco.

---

[2] A lista é impressionante. Botul realmente leu esses eremitas mais célebres da Igreja primitiva e esses Padres que a explicaram? A questão permanece aberta.

[3] TSF: telegrafia sem fio. Primeiro nome do "rádio".

E volto a Nietzsche que conhecia bem a acédia. Do que mais fala ele nessas cartas de desolação e aridez que eu lhes citava há pouco, senão da impossibilidade de cumprir sua tarefa terrestre, de obter sua salvação? E, para ele, como para muitos eremitas, da vontade irreprimível de voltar a morar na casa de... mamãe!

Ele conhecia bem o deserto. Era como uma terra natal para ele: "Um filósofo não pode ouvir sem jubilar e sem aprovar em si mesmo a história desses homens resolutos que um dia disseram não a toda servidão para ir embora para algum deserto[4]". Mas não é necessário embarcar para o Egito ou a África do Norte: um quarto num hotel cheio onde se é forçado a ser confundido com todos e a poder falar impunemente com qualquer um, é isso o deserto[5]". Entretanto, Nietzsche não faz disso o termo da vida. O deserto deve ser atravessado e ultrapassado. Para ir aonde? A uma comunidade de livres-pensadores, tal como ele sonhava? Nietzsche não encontrou a resposta. E, além disso, fracassou em sua travessia do deserto.

Pois, ao contrário dos eremitas de Nítria, esse temerário quis vencer sozinho e só por sua força o demônio do meio-dia. Empreendimento sobre-humano! Ele deveria ter-se lembrado de que enfrentar o demônio da acédia requer a ajuda dos especialistas e dos mais velhos que a praticaram. A solidão é um esporte extremo. Nela não nos aventuramos sem grandes precauções, caso contrário cometemos o erro capital do solitário: o pecado de orgulho. Não se deve contar demais com as próprias forças. É preciso preservar a corda que nos liga ao mundo exterior. Nietzsche foi um eremita vencido.

---

[4] *La Généalogie de la morale*, III, 7.

[5] *Ibid*, III, 8.

De que gênero? Anacoreta? Cenobita? Não, ele pertenceu à classe dos *cathocos**, homens que haviam escolhido viver na penumbra dos túmulos, dos mausoléus, dos sepulcros e das mastabas[6]. Era a exata situação de nosso filósofo, que escrevia em *Ecce Homo*: "Uma das espertezas instintivas da gestão espiritual de certo modo consiste em encarcerar a si mesmo[7]." Assim vivia ele recluso durante dias inteiros, com todas as janelas fechadas. Vítima do ácido nítrico.

Vítima dessa luz que golpeia mais forte ao meio-dia justamente... A hora perigosa...! Meio-dia! Não compreendo como Nietzsche pôde fazer dela a hora bendita, o momento da mais bela serenidade, da plenitude, a hora da maior sabedoria em que sentimos o Mundo respirar. Zaratustra só tem esse "meio-dia" na boca, com certeza por reação contra esses românticos noctâmbulos, que só cantavam a noite e seus mistérios. Por isso Nietzsche fez do meio-dia o momento sagrado[8]!

E os olhos no entanto lhe doíam. Era no sol rasante que ele podia enfim aproveitar a vida... Como a coruja, o pássaro de Minerva, é no cair da noite que ele podia sair. Que contradição!

Recoloquemos nossos pêndulos na hora egípcia. Meio-dia não é a hora bendita do filósofo mas sua punição. É a hora de todos os desânimos, a hora mais pesada, a que causa mais náuseas, como se um Gênio Mau se introduzisse em nós e nos murmurasse: "É meio-dia, vai ser a tua festa!"

***

* Sacerdotes dedicados ao serviço do deus Serapis. (N.T.)

[6] *Mastaba*: túmulo do antigo Egito em forma de pirâmide truncada.

[7] *Ecce Homo*, tradução de Jean-Claude Hémery, Paris, Gallimard, coll. "Idées", p. 43.

[8] Eis o que encontramos em *Le Dictionnaire du français non conventionnel* (Jacques Cellard e Alain Rey, Paris, Hachette, 1991): "Uma divertida gravura da "*diableries* eróticas" de Le Poitte-vin, geralmente datadas de 1832, apresenta uma costureirinha diante de um diabo lúbrico que, efetivamente, marca meio-dia com seu pênis utilizado como ponteiro de um quadrante gigante: e a jovem, puxando o relógio, exclama: "Deus, como estou adiantada!""

O demônio *midinette*[*]

Perguntem hoje à volta o que é o demônio do meio-dia, e lhes responderão que se trata de um demônio sexual, mais exatamente de uma jovem que seduz um homem de idade madura, um homem no meio da vida. Entretanto, sob sua primeira forma egípcia, o demônio do meio-dia nada tem a ver com "a sexualidade". Enquanto permanecer africano, enquanto não migrar para a Europa, ele não ataca no baixo-ventre o pensador isolado. Lembrem-se do demônio que ataca Jesus no deserto, daquele espírito maligno enfeitado com o título pomposo de Diabo, procurem sexo, não encontrarão. Segundo Mateus, esse demônio não propõe mulheres, mas "cidades e reinos". Jesus é tentado pela glória não pela fornicação[1].

[...]

* No século XIX, costureirinha ou modista. No século XX, moça da cidade, romântica e frívola. Deriva de *midi* [meio-dia] e *dînette* [pequena refeição]. (N.T.)

1 Mateus, 4, 1-11.

A cada época, seu vício dominante. Nossa concupiscência está focalizada no sexo. Os antigos tinham órgãos genitais, não tinham "sexualidade". Por exemplo, eles não punham o genital e o oral sob uma administração comum. O beijo na boca – *osculus* – com troca de sopro, isto é, de *pneuma*, parecia-lhes mais grave para a alma que uma mistura de sementes. Nenhum filósofo grego ou romano, nenhum de seus médicos nunca pensou que o "sexo" pudesse ser ruim ou bom em si ou até que existisse sexo "em si". Se era perigoso, era por suas conseqüências no caráter ou no comportamento: moleza, passividade, desordem das famílias, esquecimento dos deveres cívicos. Um romano que usa e abusa das mulheres, dos rapazes, dos escravos, o que reprovar nele se permanece bom cidadão, bom soldado, bom genitor, bom criador de filhos?

A "carne" cristã, que lhe sucede, tinha outros contornos que a nossa. Os prazeres da cama não designavam aqueles em que hoje pensamos. Para eremitas que se impunham nunca dormir, era o prazer de... dormir, simplesmente. Para Santo Agostinho, é a preguiça que aí nos espreita. Os prazeres da boca, sem conotação erótica, isto é, a gulodice, atormentavam em prioridade o monge e o eremita em seus jejuns incessantes. Para Clemente de Alexandria, "o demônio mais ruim" é o do "ventre"[2]. E o que ele designa? A gulodice, não a fornicação! O que é mais excitante no deserto, quando o estômago está vazio? O que obceca o solitário faminto? Perguntem aos prisioneiros em subnutrição: o sexo ou a comida? Um belo prato ou um belo corpo? A fome modera os apetites libidinosos, o jejum é o amigo da castidade. Inversamente, numa civilização saciada e entupida feito a nossa, os apetites do sexo se desenca-

[2] Eis a citação completa de Clemente: "Àqueles que costumam se entregar às refeições suntuosas para satisfazerem suas paixões preside um demônio muito guloso que eu não ficaria enrubescido de chamar demônio do ventre, o mais ruim e mais funesto dos demônios" (*Pédagogue*, II. 1, 15).

deiam. A gulodice só diz então respeito às crianças pequenas, e os sacerdotes deixam os médicos de hoje batalhar contra a glutonaria. Comer demais diz respeito à nossa saúde mas não à nossa salvação, à nossa linha mas não à nossa alma.

Os Padres da Igreja haviam organizado a carne numa constelação de "vícios" que eles chamaram "pecados", ordenados numa arborescência de sete pecados capitais, de que o orgulho era a raiz. O orgulho e não a lubricidade! Vou lhes contar outra vez como sob esses termos genéricos de "pecado" e "vício" escondiam-se, como sob eufemismos, os antigos demônios e os djinns dos animistas pagãos. Outra noite vou lhes contar a apaixonante história dos sete pecados capitais, vou fazer com que assistam ao detalhe do desaparecimento de Acédia. Nós redistribuímos a série dos vícios, nós os centramos de novo em torno do "sexo", dotado, por isso, de uma gravidade metafísica. Mas o sexo-malandro, o sexo-bagatela, o sexo que ri ou que chora e não conhece o espírito de seriedade, nós o esquecemos.

Vivemos outra economia dos prazeres.

A modernidade advém quando o demônio do meio-dia torna-se sexual.

Na verdade, o DDM emigrou e habitou entre nós. Desembarcou de suas paragens desérticas do Egito para se instalar em nossas metrópoles. Esse gênio tornou-se fornicador. Não tendo mais monges ou eremitas para devorar, dirigiu seu ataque contra os intelectuais, os escritores, visando o baixo-ventre e não mais o coração. Um dia, assumiu a aparência de uma jovem, de um demônio *midinette*[3]. Primeiro andrógina, depois cada vez mais "sexual" ao longo dos anos. É a história dele. É a história de Lou.

***

[3] Midinette: literalmente "que faz comidinha ao meio-dia" ("palavra de fantasia aparecida no fim do século XIX, *Dictionnaire étymologique de la langue française*, O. Bloch e W. von Warburg, Paris, PUF, 1994).

Lilith, Lou, Lulu, Lolita

Sei o que há de escandaloso em invocar os demônios na época do automóvel e da aviação. Mas persisto e assino: Nietzsche foi o primeiro a viver a mutação sexual do demônio do meio-dia. Na impossibilidade de convencê-los, posso interessá-los. Por isso é que vou lhes contar uma anedota que não custa muito.

A cena se passa em Paris em 1894. Durante um jantar na casa de uma condessa húngara, Lou é apresentada a Frank Wedekind, autor dramático alemão. Ele obtém dela poder acompanhá-la até seu quarto de hotel onde tem de fato a intenção de fazer mais que conversar. Lou aceita mas recusa seus avanços. Tal como si mesma, eis de fato a nossa *allumeuse*, me dirão... Wedekind vai embora frustrado. Não sem orgulho, no dia seguinte, ele lhe envia flores. Fará melhor. Dessa desventura, ele escreverá em 1901 *Die Büchse der Pandora*, com o subtítulo "*Lulu Tragödie*"

("A caixa de Pandora, Lulu tragédia"), uma peça em cinco atos, prometida a uma bela posteridade[1].

Wedekind também se aproximou do demônio do meio-dia, mas em plena noite. Disso tiro uma primeira moralidade. Tudo o que não mata o homem tentado pelo DDM torna-o mais forte[2].

Falei de uma bela posteridade. Julguem antes: a célebre Lulu de Pabst, que nos deixou transtornados bem recentemente nas salas escuras, vem da Lulu de Wedeking, que ela mesma é oriunda de Lou Salomé[3]. Estão acompanhando a filiação?

Essa Loulou de cinema encarna a jovem mulher sensual, selvagem, sem tabu, que calcina suas vítimas masculinas. É um ícone sexual. Ela integrou a puta fatal e levou-a mais longe. Na verdade, Lulu está na moda desde pelo menos 1888, desde que um autor francês denominado Félicien Champsaur fez dela a heroína de uma

---

1 Frank Wedeking (1864-1918), dramaturgo alemão. Eis como H. F. Peters, um dos biógrafos de Lou, conta essa anedota: "Ela o encontrou numa *soirée* dada pela condessa Nemethy, uma húngara. Como a maioria dos homens, sentiu-se imediatamente atraído por ela e, após ter conversado com ela a metade da noite, convidou-a a subir até seu quarto. Ela aceitou sem hesitar e, naturalmente, ele disso concluiu que ela estava disposta a passar com ele o resto da noite. Para sua grande surpresa, percebeu que nada estava mais longe do espírito de Lou. Apesar de todo o seu talento de sedutor, que não era desprezível, ele não conseguiu causar a mínima impressão sobre essa mulher ousada e emancipada. Finalmente, e sentindo-se ridículo, ele a deixou partir. No dia seguinte, ele bateu à sua porta em roupa de cerimônia, de jaqueta preta, com luvas, armado de um buquê de flores, e apresentou-lhe desculpas por sua conduta incorreta. Entretanto, meses mais tarde, foi à revanche de forma sutil ao dar ao personagem principal de sua peça, *O Espírito da terra*, o nome de "Lulu", caricatura grotesca, evidentemente, pois Lulu é um demônio sexual, insaciável e destruidor" (H. F. Peters, *op. cit.*). "Lulu" em alemão pronuncia-se como "Loulou" em francês.

2 Retomada irônica por Botul desta frase de Nietzsche: "tudo o que não me mata torna-me mais forte".

3 O filme de Pabst data de 1928. Lulu é interpretada por Louise Brooks.

pantomima bem esquecida intitulada *Lulu*. Nela se via uma mulher perdida de coração grande lutar contra um filósofo – sim, já um filósofo! Mas, em 1888, no teatro, quando se queria representar O filósofo, este era chamado Schopenhauer e não Nietzsche. O filósofo, já, era aniquilado pela mulher fatal. Como dizia Champsaur, à prova de Lulu "toda a sua ciência ali se parte".

Certo, Lou Salomé não era essa mulher selvagem e sensual quando Nietzsche a encontrou. Era o demônio do meio-dia arcaico, versão egípcia, e é nisso que Nietzsche é ele mesmo arcaico. A jovem Lou não era nem sexuada, nem venal e não vinha dos prostíbulos. Era uma Vênus de salões e colóquios ao passo que a primeira Lulu era uma Vênus das ruas. No entanto, essa Lulu popular é bem a cepa de Lulu, no sentido biológico do termo. Com certeza não é a primeira, se nos lembrarmos da Bíblia e de Lilith[4]!

[...]

Até onde ira essa floração de Lulu, nada sei mas pressinto que não está terminada[5]. O caldo cultural fermenta. Quem sabe um dia veremos sair da retorta de um escritor uma variedade de Lulu menina, que poderíamos chamar Lulita[6]. Lembrem-se de que a jovem Liolia Salomé foi uma Lulita em São Petersburgo para um

---

[4] Lilith foi a primeira esposa de Adão, nascida como ele do limo da terra e sedutora demoníaca.

[5] No momento em que fala, Botul não conhecia a ópera de Alban Berg intitulada *Lulu*, composta em 1937 e inspirada no filme de Pabst.

[6] Esplêndida premonição de Botul! Ao trocar apenas uma letra no prenome inventado por JBB, Vladimir Nabokov criou a célebre heroína de seu romance *Lolita*, publicado em 1958. Hoje se sabe que essa Lolita não foi a primeira menina fatal da literatura. Num artigo publicado em 19 de março de 2004, o jornal alemão *Frankfurter Allgemeine Zeitung* anunciava a descoberta de um conto intitulado *Lolita*, publicado em 1916 e assinado Heinz von Lichberg, pseudônimo de Heinz von Eschwege. A revista *La Règle du jeu* (nº

homem chamado Hendrik Gillot, pastor de profissão, pregador em voga, com quem ela teve relações ambíguas. Que assunto de romance! Abrevio, pois sinto o sopro do deus Hipnos acariciar os cabelos e entorpecer os espíritos dos senhores...

Contentem-se em saber que esse Gillot iniciou Liolia na literatura, na filosofia e na teologia. Durante dois anos, escondida dos pais, ela ia à casa dele para se instruir. Carícias? Nada se sabe, deixo que construam seus romances... Casado, pai de dois filhos, Gillot pediu-a em casamento. Foi uma das razões que levaram Lou a deixar São Petersburgo. Ela tinha dezoito anos, o pastor tinha trinta e três. Antes do espírito Lou, o espírito Lulita havia atacado.

[...]

Observem, caros confrades, a plasticidade desse gênio que batizo "Loulou", esse ser compósito feito de Lou, de Lulu, de Lilith, de Lulita. E vejam suas estranhas metamorfoses. No início, ele toma a aparência de Lou, moça magra de peito chato. Depois, torna-se cada vez mais "sexual", isto é, cada vez mais inchado, com proeminência dos seios, das nádegas. Lembrem-se daquelas braguilhas gigantes do século XV, aqueles estojos penianos que os lansqueneses[7] exibiam com orgulho. Predigo a mesma coisa para as mulheres, o aparecimento de uma Vênus pneumática, boneca-de-encher que deixará loucos homens e mulheres[8]. Pois o demônio do meio-dia

25, maio de 2004), publicou uma tradução francesa desse conto sob a pena de Laurent Dispot. Este último, que deixa aberta a questão de uma eventual influência de von Eschwege sobre Nabokov, nota que Marlène Dietrich tem o nome de Lola-Lola em *O anjo azul*, o filme de von Sternberg realizado em 1930. Que constelação!

[7] *Lansquenê*: soldado de infantaria alemão que servia na França como mercenário.

[8] Mais uma bela premonição de Botul, que descreve aqui o que vai se tornar vinte anos mais tarde a "pin-up".

enfeitiça as próprias mulheres, agarradas por essa tumescência de certas partes do corpo. Entrevejo uma época em que as mulheres sem peito duvidarão de sua feminidade. Incrível, não é? Os senhores não são obrigados a acreditar em mim mas, a título de exercício espiritual, deveriam antecipar e refletir a partir de hoje no movimento inverso de detumescência: o que vai restar da mulher quando ela tiver desinchado?

[...]

Deixemos aí essas antecipações e observemos o espírito "Loulou" nesta primeira metade do século XX. Ele pula e quica em múltiplos gêneros artísticos: tragédia, bulevar, cinema. Nada espantoso! Por isso é que se pode contar o encontro de Lou e Nietzsche de várias maneiras: um modo sério, que tentei com os senhores, mas também uma forma burlesca e de bulevar que descreveria um intelectual grosseirão completamente depenado por uma semimundana sulfurosa.

O cinema, por sua vez, não perdeu suas núpcias com Loulou e em sua forma mais pura, o cinema mudo[9]. O cinema, essa fábrica

[9] Com efeito, o filme de Pabst, realizado em 1928, era mudo. Ora, Botul sempre defendeu essa forma primitiva de cinema contra "a decadência" do cinema falado. Como mostra esta carta não assinada que ele teria enviado a René Clair em 12 de dezembro de 1929: "Em primeiro lugar, o cinema falado vai desempregar dezenas de pianistas, tocadores de tambor e agitadores de tela que trabalham na sombra das salas a sonorizar os filmes. Em segundo lugar, as grandes dores são mudas. Em terceiro lugar, o falado vai rápido degenerar em facilidade, vai incitá-lo a mobiliar uma seqüência em que você não sabe muito bem o que mandar os seus atores fazerem, sem que a necessidade de falar seja estabelecida pelo desenrolar da narração. Não faltaria mais senão que, em seus filmes, de agora em diante se procurasse tomar a palavra, dar a palavra, beber palavras, cortar a palavra, passar a palavra, "só faltar a palavra". Recuse obstinadamente o cinema falado! Não ao escoa-

de visões, essa armadilha de demônios, sabe captar o que voa e turbilhona nas idéias da época. Ele deposita esses gênios voláteis sobre uma superfície brilhante a fim de lhes dar uma segunda vida, breve em cores. É nossa maneira de cultuar os gênios e de evitar que se encolerizem[10].

Graças ao cinema, o espírito de Loulou revive e esse retorno lhe dá os traços de Louise Brooks! Após uma "terrível russa", uma americana formidável... Nossos eremitas de Nítria não haviam previsto essa ressurreição!

***

douro de palavras! O silêncio continua a ser preferível a essa ignomínia." Botul não estava só. Em 1930, enquanto o último filme mudo americano acabava de ser rodado, o grande Eisenstein declarava na Sorbonne que o cinema falado era "uma besteira a 100%".

10 Idéia cara a Botul: a imagem tem mais realidade que a "realidade" e o cinema prova isso. Sobre esse ponto de ontologia botuliana, Gérard Mordillat escreve: "Botul professava que o duplo do cinema é a vida, e não o inverso. Ele defendia a idéia de que a "verdadeira vida" está na tela e não na realidade factual que nomeamos "existência"" ("De l'influence de Jean-Baptiste Botul dans l'histoire du cinéma des origines à nos jours [Da influência de JBB na história do cinema das origens aos dias de hoje], in *Les Cahiers de l'Enclume*, nº 3, Atelier du Gué, 2000). Resta explicar essa surrealidade da imagem. Resposta de Botul: "ela é habitada" (confidência a Emilienne de Queylard).

Deus está morto, o demônio ressuscita

Mesmo quando estiver fixada na Alemanha, na casa das redondezas de Göttingen, onde mora junto com o marido Andreas, Lou não poderá ficar muito tempo longe de seu país natal. Ela é russa, precisa da Rússia, que ela continua a visitar, efetuando longas viagens, não só a Moscou e a Kiev, mas também pela Rússia profunda, em contato com o povo simples. Em 1900, durante um grande périplo efetuado em companhia de Rilke, ela pega trem, barco, telega[1]. Durante uma semana, no *Alexandre Nevsky*, desce o Volga. Desse imenso rio, às vezes largo como um lago, dessas grandes planícies onde a diversidade das paisagens não nos salta ao pescoço, ela não se cansa. Mas por acaso censuram o oceano por ser monótono? Lou imerge na Rússia, no povo, isto é, na religião. O que a enche de entusiasmo é o encontro com "as velhas expressões da fé". Cantos, ícones e sinos... Decididamen-

---

[1] *Telega*: charrete de quatro rodas.

te "superstição", "fanatismo", "misticismo" não são palavras que lhe dão medo[2].

Ela fazia parte desses intelectuais mal enraizados dos quais muitos se engajaram na ação política. Não fazia seu gênero aderir a um grupo "niilista" ou revolucionário. Lou nunca explodiu uma bomba. Era ela a bomba...

Ela apenas emigrou mas sem nunca esquecer os mujiques. Desrussificada por sua educação à ocidental, Lou retorna às fontes na Rússia e busca na emoção religiosa o que perdeu pelo intelecto, em simpatia com o nativo, em ressonância com sua fé.

Por mais egoísta que fosse, Lou permaneceu do lado dos vencidos.

Nietzsche não. Sempre esteve do lado dos vencedores. Sempre pensou do ponto de vista dos senhores, notadamente dos senhores destronados, submersos pelas massas e a democracia.

Por exemplo, quando fala de Deus, ele pensa no Deus do papa, onipotente e vencedor, mas nunca nos pequenos deuses desprezados dos camponeses e das mulheres.

Se tivesse pensado do lado dos vencidos, nunca teria escrito "Deus está morto". Com a sua permissão, Sr. Presidente, paro por alguns instantes nesta frase que hoje tem tanto sucesso.

Nietzsche não faz sociologia, não faz aqui a constatação do refluxo da fé cristã. Precisávamos dele para saber que essa fé recuava na Europa? Se sua mensagem se reduzisse a essa constatação, ele estaria muito atrasado, uma vez que a descristianização havia atingido nossos campos antes do fim do século XIX. Ao escrever "Deus está morto", Nietzsche visa um efeito de anúncio. Anunciar essa

---

[2] Seu caderno de viagem foi publicado em francês sob o título *En Russie avec Rilke, 1900: journal inédit*, Paris, Le Seuil, 1992.

morte é que é importante. É preciso um toque de clarim que soe como um ato de falecimento oficial e causador de pânico. Caso contrário, o morto continuará a se mexer... Ao longo dos anos, Nietzsche compreendeu que o gênio do cristianismo é anunciar uma notícia. E a notícia é que há... uma boa notícia! O que no plano lógico parece uma tautologia tem efeitos atordoadores sobre a humanidade, sobre essas massas que por isso se põem se movimento rumo à Cruz, à Grota, ao Túmulo. Contra o cristianismo, que anuncia a ressurreição de Deus, Nietzsche vira o procedimento. Ao anunciar a contra-notícia da "morte de Deus", ele conta abalar uma segunda vez a humanidade, desfazer o que foi feito pois compreendeu que o importante é menos o conteúdo da notícia que seu anúncio. Trata-se, apenas – mas que trabalho! –, de encontrar o clarim certo, o tom certo, o estilo certo, o personagem certo. Nada de telegrafar: "Deus falecido stop". O estilo será Zaratustra e, no fim, o próprio Nietzsche: a boa notícia sou eu!

Ousaria eu confessar-lhes que esse estilo me cansa? A propósito de *Assim falava Zaratustra*, tenho vontade de dizer o que Nietzsche dizia do Evangelho: "Inquieta-me, quase, estar assim só na minha opinião a respeito desse livro tão estimado e de mérito tão exagerado[3]." Esse tom declamatório, grandiloqüente, enfático... Um libreto de ópera! Esse Zaratustra... uma marionete... vemos os fios constantemente e Nietzsche por trás da cortina... Pelo menos os Evangelhos têm personagens secundários vivos, cenas cotidianas, histórias de todos os dias, com gente do povo e os apóstolos existem como verdadeiros personagens. Não, decididamente, A.F.Z. não é o melhor livro de Nietzsche.

[...]

[3] *La Généalogie de la morale*, III, 22.

Se Deus está oficialmente morto, o que passa a ser possível? Nietzsche responde: a superação do homem, a transformação de seus valores. Entretanto, existia outra resposta: a resposta russa, alguns dirão a resposta africana. Se o grande Deus apostólico e romano está morto, esse grande vazio chama à vida as divindades vencidas. Elas vegetavam, erravam, de repente voltam à ativa, ganham cores. Nietzsche não imaginou que os pequenos deuses pagãos e animistas pudessem recuperar forças à medida que a anemia atingia Deus. Não olhou e escutou o bastante os italianos, que são entendidos em gênios, em deuses lares, em demônios que lançam maus-olhados. Apesar de seu amor por Dionísio, não foi pagão o bastante, continuou luterano[4].

Olhemos o que acontece hoje na Rússia. O bolchevismo é um nietzscheísmo já que também anuncia, oficialmente, com toda a solenidade e a brutalidade do Estado, que "Deus está morto". Os senhores acham que os mujiques vão se tornar livres-pensadores e ateístas militantes? Acham que um ateísmo de massa seja possível? Não creio. Se por acaso o Estado soviético viesse a desabar – isso um dia vai de fato acontecer –, veríamos ressurgir fora das tumbas e dos santuários todos os deuses vencidos. E alguns outros jamais vistos.

Por isso é que se deve corrigir Nietzsche.

Deus por certo está morto, mas os demônios ressuscitaram.

***

[4] Botul esquece o politeísmo aberto de Zaratustra: "O que é divino é que haja deuses e não um Deus" (A.F.Z. "Dos Trânsfugas", 2). Mas ele não está errado ao ressaltar que o Dionísio de Nietzsche permanece um conceito filosófico.

“Sou Prado”

Em novembro de 1888, um processo é assunto de todas as conversas em Paris. Um certo Prado, sedutor de origem mediterrânea, é acusado de ter roubado a amante e assassinado uma prostituta. Prado é condenado à morte. Esse caso policial interessa vivamente Nietzsche que dele toma conhecimento através dos jornais italianos. Um ano mais tarde, em 1889, então atormentado por delírios, ele escreve numa de suas cartas: “Sou Prado.”

Boa idéia! Por que não tê-lo sido realmente? Nietzsche tivera a oportunidade com Lou.

Retomemos nosso caso e desenvolvamos o esplêndido caso policial que ele contém em germe. Ciúme, ódio, rivalidade amorosa, amor louco, tudo está reunido para provocar um verdadeiro crime passional. Até mesmo vários. Dois amigos – Rée e Nietzsche – disputam a mesma mulher. Uma irmã – Elisabeth – quer eliminar a feiticeira que ridiculariza seu irmão. Está tudo no lugar. Deixem-me imaginar este artigo que nunca foi publicado em *La Gazette de Thuringe* que poderia ter-se intitulado “Mortes em Tautenburg”:

"Em plena floresta, no lugar dito da "árvore morta", ali onde um banco cerca uma velha árvore, um caminhante fez outro dia uma macabra descoberta. Três cadáveres – duas mulheres e um homem – jaziam no solo, banhados em sangue. Após identificação, os policiais puderam estabelecer que se trata da Srta. Lou Salomé, da Srta. Elisabeth Nietzsche e do Sr. Paul Rée. Um quarto personagem é ativamente procurado: o doutor Nietzsche, avistado no local pouco antes do drama. O delegado Schmidt pôde reconstituir as circunstâncias da carnificina. Após uma violenta disputa, a Srta. Nietzsche atirou na Srta. Salomé, matando-a com duas balas na cabeça. Desesperado com a morte da cidadã russa, Paul Rée tentou suicidar-se mas apenas arranhou a têmpora. Ao vê-lo a soluçar sobre o corpo da Srta. Salomé, o professor Nietzsche pegou a pistola e liquidou o Sr. Rée com duas balas na cabeça. Depois, atirou na irmã e matou-a brutalmente com um tiro entre os olhos. O professor Nietzsche, que era honradamente conhecido e não tem nenhum antecedente penal, pôde fugir. Um mandado de prisão internacional foi pedido contra ele na Alemanha, Suíça e Itália."

Eis do que teriam sido capazes pessoas de coragem! Em vez de se enviarem cartas!... Em vez de manejarem a pena e o tinteiro!... Eis o que teria feito Nietzsche se tivesse tido um comportamento nietzscheano! Teria aproveitado a oportunidade de ser esse "bicho de rapina", essa "raça de homem superior"! Enfim, ultrapassados os valores decadentes da cristandade, fundados no ódio dos instintos e no recalque das paixões. Tocamos aí no cerne do nietzscheísmo que não é um amoralismo individualista (do gênero "o Bem é o que me arranja...") mas uma nova moral a ser partilhada. O que o cristianismo chama "Bem", o amor pelo próximo, por exemplo, torna o homem mais frágil, mais vulnerável. Medrosos, doentios, incapazes de suportar o trágico da vida, sempre mais ávidos de doçura e segurança, banhamos nos "bons sentimentos", o amor pela humanidade e tranqüilidade.

Acolher o sofrimento e coabitar com a violência de nossos sentimentos é o programa de Nietzsche. Ele teve dificuldade de aplicá-lo a si mesmo. Não o sobrecarreguemos, vejamos apenas se outras pistas lhe estavam abertas. Em vez de gemer sobre si mesmo e de ruminar seu ciúme, ele poderia ter-se comportado como herói de Dostoïevski, esse escritor que ele tanto admirava e que via nos forçados da Sibéria a parte mais vigorosa e a mais estimável da Rússia. Nietzsche era bem dessa opinião.

Mas então, para sair vivo dessa história de amor e ódio, ele devia nos oferecer em apoteose a morte de Lou, passar da teoria à prática e dar com gestos, pagando com sua pessoa, a seqüência sangrenta e magnífica que merecem *Para além do Bem e do Mal* e *A genealogia da moral.*

Nesses dois livros, ele faz a apologia do "bicho de rapina", do "homem superior", cuja realização hoje vemos sob a forma odiosa do militante hitlerista. Essa encarnação, no entanto, está no oposto dos valores nietzscheanos. Moldado na disciplina e na hierarquia de uma burocracia e de um partido político, esse gênero de criminoso de escritório, que mata por papeladas e indústria interpostas, é mais próximo do carneiro que do leão. Se for um felino, tem seu lugar no circo. Quando ruge, é em cadência e de uniforme. No entanto, hoje se critica Nietzsche por ter feito o leito do nacional-socialismo (ele abominava essas duas palavras, como teria gostado do acasalamento delas?). Esquece-se que existe uma segunda encarnação possível do "super-homem": o assassino exibido diante de uma multidão meio temerosa meio admirativa, o grande criminoso que faz estremecer, que ri diante dos juízes e não lamenta nada, a fera que só fez obedecer à sua natureza e enriqueceu como verdadeiro artista a galeria barroca do crime, o indivíduo fogoso e indomável que tem a coragem de suas paixões.

É evidente que esse herói é raro. Sim! Raro é o assassino que está à altura de seu crime! No banco dos réus, o que mais se vê são pequeno-burgueses pedindo perdão ao tribunal e gaguejando "lamento, meritíssimo!"[1].

Se Nietzsche tivesse rompido a carapaça, teria abandonado a pena e pegado uma arma. Não teria feito correr tinta mas sangue. Teria feito como Don José matando Carmen, essa Carmen da qual ele tanto gostava na ópera. Teria feito como Prado e teria tido circunstâncias atenuantes já que estava em legítima defesa: “”Lou queria a minha morte, por isso é que tive de matar Lou, Sr. Presidente!" Mas essa história permaneceu o caso de alemães ávidos de conveniências, de "livres-pensadores" compassados, de gente culta. Em vez de matar Lou, Nietzsche desabou e foi ela quem continuou seu caminho de matadora em série. Com um álibi perfeito: a filosofia.

***

[1] Botul tinha uma viva simpatia pelo assassino Landru, com quem esteve em contato epistolar. Ver Henri-Désiré Landru-Jean-Baptiste Botul, *Landru, précurseur du féminisme: correspondance inédite*, estabelecida por Christophe Clerc e Bertrand Rothé, Paris, Mille et une nuits, 2001.

O Eterno Retorno mas não o tempo todo

Como vêem, o caso Lou é uma história filosófica. Faz da filosofia um romance e todo mundo deve ali se encontrar: os apaixonados da filosofia e os apaixonados do romance. Com Lou, através de uma história de amor, tocamos no cerne do pensamento de Nietzsche. Por exemplo, o Eterno Retorno... Era o achado que o deixava mais orgulhoso. Era sua coisa, sua marca na história da humanidade. Aplicou-o em si mesmo? A resposta é não. Olhem-no sofrer.

Suportar a separação, o desamor, fazer o luto de uma bela história, de uma esperança – do gênero "com você não terei mais medo..." –, viver isso uma vez é de morrer. Mas revivê-lo uma segunda vez... Esse gênero de pensamento insustentável é rapidamente afastado com um revés de mão, como se espanta um inseto nocivo.

Mas vivê-lo uma infinidade de vezes? Aí, é o pior dos suplícios que se possa imaginar. Que louco ousaria propor esse pensamento atroz como chave da felicidade, fórmula mágica da filosofia?

Quem?

Nietzsche!

Aqueles que falaram disso antes dele falavam de outra coisa. Os estóicos, por exemplo, pensavam que o Mundo estava submetido a um grande ciclo. Antes deles, Heráclito pensava que, periodicamente, durante o Grande Ano, o mundo se regenerava por uma catástrofe, por um fogo purificador. E já o Eclesiástico escrevia: "Tudo acontece da mesma forma sob o sol."

Nietzsche diz outra coisa. Ele não afirma que a História do Mundo é um eterno retorno. Não emite um julgamento sobre a realidade, ele fixa um desafio e um programa: devemos fazer *como se* fosse o caso, como se fôssemos reviver uma infinidade de vezes nossa vida, cada instante de nossa vida, inclusive os mais dolorosos.

Masoquismo? Não, amor pela vida! Ou como ele diz *amor fati*, amor pelo destino. Nada a ver com fatalismo "maometano", para falar como Leibniz. O fatalista resigna-se a sofrer o Destino, o nietzscheano ama ativamente a roda do Destino, mesmo quando tira para ele o número errado. Porque é *seu* número...

Se formos capazes de nos "eterno-retornarmos" – perdoem-me o barbarismo –, evitaremos a fuga no devaneio e no ideal. Pois ao sonharmos com uma vida melhor, jogamo-nos na goela das paixões tristes – nostalgia, melancolia, ressentimento, ciúme –, vivemos por procuração, como Emma Bovary, vale dizer que não vivemos. Que cretinismo acreditar que, em outro lugar, com outra pessoa, sob outro céu, num outro regime político, em outra vida, com um nariz mais curto ou mais comprido, seria melhor...! Nietzsche só vê nesses "outros lugares" sintomas de uma grave doença: a incapacidade de aceitar a vida como ela é, isto é, tecida de alegria e sofrimento. Aceitar a vida é aceitar toda a vida.

Costumamos nos fazer a pergunta: "Se fosse para recomeçar, será que eu faria isso de novo?" Não só Nietzsche quer responder "sim" a essa questão mas quer aplicá-la a todos os acontecimentos de nossa vida tomada por inteiro, como um lote indivisível. E a pergunta passa a ser: "Se a minha vida inteira tivesse de ser refeita, será que eu gostaria de novo?"

É preciso ter coragem para responder "sim". Para isso, a título de estimulante, o melhor é repetir para si que o tempo que passa é uma roda que gira, que o tempo é cíclico e não linear. Acreditar que o tempo é como uma flecha é o erro de todas as filosofias progressistas que, pregando a liberação, nos condenam à esperança permanente, isto é, à desilusão permanente. O pensamento do tempo linear faz de nós seres ávidos de futuro, de novidade, de progresso, logo frustrados e rancorosos. Com o pensamento do Eterno Retorno, é impossível acreditar que amanhã é a solução para os problemas de hoje. Impossível aplicar à nossa vida individual a ideologia do progresso. Vivemos *hic et nunc*, aqui e agora.

O pensamento do Eterno Retorno é um poderoso medicamento que nos livra da ilusão do Tempo. Dá acesso à eternidade, faz com que fabriquemos a eternidade como fabricamos adrenalina.

É um pensamento arriscado, pois se a dose for fraca demais, caímos no desespero. À menor baixa de tônus, à menor depressão, o Eterno Retorno passa a ser tortura, suplício da Roda. Como suportar quando não estou em forma que voltem a doença, o desamor, a separação? O Eterno Retorno em sua versão baixa é a repetição, isto é, o tédio, a neurose, a obsessão, o repisamento.

Pode ser êxtase ou calvário.

Falei de desamor.

E aqui estamos de novo com Lou.

Pois Nietzsche descobriu-se incapaz de aplicar o Eterno Retorno a esse calvário sentimental.

Fiz com que os senhores ouvissem há pouco alguns gritos de dor que podem se resumir a este *leitmotiv*: o que vivo aí, nunca mais quero revivê-lo.

Às vezes a negação do Eterno Retorno lá está explícita: "Daqui por diante, minha existência consiste em desejar que as coisas possam ser outras que não as concebo [...] é um mistério pensar que estou eternamente condenado a viver como um excluído[1]."

Mais um esforço para ser nietzscheano, Fritz! Lou finalmente o colocou em xeque quanto ao ponto central de sua doutrina. Belo trabalho de demônio! Essa menina desestabilizou o maior pensador de sua época. Em algumas horas de conversa, ele era só a sombra de si mesmo, um zumbi alemão. Tudo o que havia conquistado com muito esforço contra Wagner, contra a universidade, contra a família, a independência de espírito, Lou aniquilou!

Ela o colocou em contradição com ele mesmo. Ela o recolocou em sua fileira de homem ordinário, que nada tinha a anunciar a ninguém. Ela o matou enquanto filósofo.

Mas não há só Lou.

Pois Nietzsche foi incapaz, como ele mesmo confessou, de viver o pensamento do Eterno Retorno também a propósito das duas outras mulheres de sua vida: a mãe e a irmã. Disse isso sem meias palavras:

"Confesso que minha objeção mais profunda contra o eterno retorno, meu pensamento propriamente abissal, é sempre minha mãe e minha irmã[2]." Reviver eternamente com Franciska e Elisabeth, não obrigado, mil vezes, não!

Para praticar o *amor fati*, seria no entanto preciso começar pelo *amor mulieris*, o amor pela mulher... isto é, por essa mãe, por essa irmã que não eram águias, nem leões, mas camelos, bois, per-

---

[1] C. P. Janz, *op. cit.*, t. III, p. 148 e p. 170.

[2] Frase de *Ecce Homo*, censurada por Elisabeth Nietzsche e citada por R. Safranski (*op. cit.*, p. 285).

feitos representantes do rebanho, daquilo que ele nomeia o "gado alemão de chifres"!

[...]

No amor pelas mulheres, Nietzsche viu um problema insuperável, embora talvez fosse a solução. Pois no amor, uma "idéia", alguns dirão uma "fantasia" do outro incorpora-se ao nosso ser. Cuidado! Não é a pessoa que nos penetra, é a imagem dela. Ora, é a dificuldade com o Eterno Retorno. Como apropriar-se dele no mais íntimo de nós mesmos para dele fazer uma regra de vida? Nietzsche não soube, não pôde. O Eterno Retorno não lhe entrou nas veias, não foi assimilado, digerido para fazer um novo indivíduo. A única "coisa" que penetrou no mais íntimo de seu ser foi... Lou. Para infelicidade dele!

O amor é essa invasão do outro em nós, e é por isso que ele inclui a rejeição. Lou, que tinha todas as chaves de todas as fechaduras, soube penetrar em Nietzsche pelos olhos e os ouvidos, insinuou-se em seu coração, em seu sangue, em seus humores, em suas glândulas como uma substância euforizante, e quando se retirou brutalmente, o desmame foi atroz.

A partir de 1882, Nietzsche está em estado de falta. Invadido por Lou a estrangeira, ele não conseguiu inocular em si o Eterno Retorno, a sua coisa. Mas poderia ter transformado esse fracasso em vitória. Bastava-lhe aproximar-se deste mistério: o que acontece quando as idéias se propagam sob o modo do amor? Como amar e fazer amar uma idéia como se fosse uma mulher, ou um homem? Como se fosse Lou?

Quando se tem a resposta para esse tipo de pergunta, então é possível sonhar em transformar a humanidade e o curso do mundo.

Nietzsche acreditou que, para esse problema, existia uma solução literária. Acreditou que havia uma solução literária para a vida. E escreveu livros. Escureceu papel Ofereceu-se aos leitores imbecis e aos jornalistas idiotas. Enganou-se. É aí que, entre ele e eu, os caminhos divergem.

Se quisermos ser nietzscheanos, só temos uma solução: ser nietzscheano contra Nietzsche, retomar a chama do Eterno Retorno ali onde ele a deixou e aceitar querer viver eternamente com mulheres insuportáveis como Lou.

Duro desafio, concordo com os senhores!

Sem falsa modéstia, penso tê-lo aceito.

Não enfrentei o demônio Lou mas seu primo, o demônio Héloïse... "E três vezes vencedor atravessei *o Aqueron*[3]..."

E agora é chegada a hora de eu lhes contar minha descida aos Infernos e minha subida vitoriosa.

***

[3] Gérard de Nerval, *El Desichado*. O Aqueron é o rio que levava aos Infernos.

O diabo assustado

Abusei da paciência dos senhores. Se seus ouvidos estão no mesmo estado que as suas pálpebras, minhas palavras não têm chance alguma de lhes chegar ao cérebro. A culpa é minha. São cinco horas da manhã.

A hora mais lúgubre, todos os taxistas, todos os *barmen* sabem disso. O lusco-fusco, quando a gente da noite tem dificuldade de voltar para casa e quando a gente do dia tem dificuldade de sair, a humanidade está de lua, ansiosa, agressiva. É nessa hora que chegam os problemas, as brigas... Quando eu era barman, preferia fechar nessa hora crítica, entre a noite e o dia.

É tempo de eu lhes falar do Chabanais. Héloïse não quis lá entrar só, fez questão que eu a acompanhasse. Assim, estacionei meu táxi e dei-lhe o braço para atravessar o umbral. No grande salão, ela imediatamente ficou à vontade com aquelas senhoras que a encaravam. Sua roupa de colegial, que ela não tivera tempo de trocar, excitava mais de um cliente. Héloïse sentou-se ao piano, tocando tango, *ragtimes*, todas essas músicas de bordel, ela que fora educada em Mozart e em Liszt. Cantou em espanhol, ela que não conhecia o espanhol.

É útil precisá-lo? O primeiro que teria desejado acompanhá-la aos andares era eu. A carne é fraca, sobretudo quando a esquentam.

Após a sessão improvisada de piano, enquanto o salão do Chabanais retomava sua agitação habitual, ela veio ao meu lado sobre a banqueta, bem perto de mim, encostada em mim. Eu dava inveja a muitos dos clientes... Insensatos! Não sabiam que as coisas funcionam mal para aquele que se deixa fascinar por esse tipo de moça, Héloïse Poisson a mal chamada, aquele peixe* de sangue quente. Eu tinha que reagir caso contrário estava perdido. Tive uma idéia.

Eu conhecia uma mariposa chamada Fernande, apelidada Fernandona. Um monumento! Ela sozinha poderia escrever a história da Terceira República, vista pelo buraco da fechadura e do bidê. A Fernandona pode vangloriar-se de ter acolhido entre suas coxas enormes o jovem Paul Claudel, vale lhes dizer que não começou ontem. Era dela que eu precisava. Fizemos acordo. Peguei Héloïse pela mão e subimos os três até o quarto 108.

Alguns dos senhores aqui conhecem bem esse quarto. Não banquem os inocentes!

Mais vasto que os outros, dotado de um palco que o fez ser chamado "o teatrinho", onde o rei da Inglaterra, dizem, adora assistir a representações de alguns sainetes libertinos, composições vivas no estilo desses afrescos de Puvis de Chavannes em que se vê a Virtude e a Verdade vencerem o Vício e a Preguiça. Mas aí é o inverso. A Depravação sempre vence a Prudência e o Vício, a Indústria.

---

* *Poisson,* em francês, quer dizer *peixe.* (N.T.)

A Fernandona inteiramente nua deitou-se num sofá colocado no palco e, sem nenhum constrangimento, essa perdida afastou as coxas, oferecendo-nos o espetáculo de sua natureza. Pois Fernanda também é uma artista, no gênero naturalista, que tem mais de um truque na cartola. Sua especialidade se chama "a xoxota que fuma". A meu pedido, ela nos fez o número do cigarro, aspirando e cuspindo a fumaça com o sexo. Há quem afirme que a Fernandona é capaz de fazer bolinhas de fumaça, mas isso eu nunca vi.

Plantado entre os lábios da vulva, o cigarro emergia do espesso tufo como de uma barba.

Esse espetáculo fascinante teve sobre Héloïse o efeito que eu previa.

Primeiro, um grande riso que durou muito tempo, soluços de riso, com lágrimas abundantes, uma verdadeira purgação! Ela apontava com o dedo aquele sexo-boca e não parava de rir.

De repente, seu rosto se transformou. Como um sonâmbulo que desperta, como se emergisse de um transe, como se o espírito maligno que a habitava tivesse ido aparecer em outro lugar, ela voltou a ser Héloïse, tímida e apagada.

Ela abria os olhos, surpresa por se encontrar naquele cenário.

A Fernandona dobrou as pernas e sumiu rapidamente rindo. Perguntei à nossa estudante:

– Tudo bem?

Fez-me sinal que sim e disse:

– Vamos embora.

E foi assim que voltamos. Reinstalei-a no banco de trás do táxi e deixei-a na frente de sua casa às seis horas da manhã. Não trocamos uma palavra.

Esperei que ela subisse a escadaria de entrada da mansão e, quando a porta se fechou, arranquei.

Não aconteceu nada mais que isso, juro sobre as relíquias de São Policarpo.

E pensei que, se Nietzsche tivesse feito o mesmo com Lou, se a tivesse levado a algum bordel italiano, para lhe mostrar um fragmento de dionisíaco, uma amostra de animalidade, se tivesse se lembrado do fato de que o sublime é vizinho do obsceno e do grotesco, se lhe tivesse mostrado aquilo de que se deve ocupar enquanto homem, ele teria salvado a pele como salvei a minha.

É assim que se livra do demônio do meio-dia.

Assim lhes fala Jean-Baptiste Botul. E obrigado Fernande!

***

Nietzsche na América

Já o céu empalidece e a aurora malandra presta uma pequena homenagem à noite. Os senhores me escutaram até o fim e lhes agradeço por isso. Alguns que adormeceram parecem não me ouvir mas sei que, no fundo do sono, acolhem essas palavras que continuarão seu caminho. Nada está perdido do que acabo de contar.

Mesmo assim, não tenho ilusão, sei que os senhores vão me condenar. Falei demais de Lou e Nietzsche, não o bastante de Héloïse e eu. Não é tão grave. Os senhores saberão decidir em boa consciência. Afinal, como nunca imaginei fazer carreira como chofer de táxi, de fato é preciso que eu largue esse ofício de uma maneira ou de outra. Se devo prosseguir meu caminho a pé, que importância?

Pelo menos, não acabarei numa espreguiçadeira, a contar e recontar as mesmas moedinhas, como uma criança pequena, esperando que minha mãe ou minha irmã venham alimentar-me com a colherzinha. Os senhores sabem que o que aconteceu com o nosso pobre Fritz...

Esse homem tão inteligente morreu tão idiota!

Às vezes sonho que ele não morreu, que, em Turim, foi um sósia que seu amigo Overbeck embarcou para a clínica de Iéna, que em Weimar é um manequim que Elisabeth havia colocado numa poltrona para fazer crer aos visitantes que ela continuava a segurar o irmão pela mão. Agrada-me imaginar que o verdadeiro Nietzsche tinha há um bom tempo ido embora, para bem longe da Alemanha. Mas para onde? E para fazer o quê? Como pôde sobreviver?

Essas questões me obcecam.

Imagino que estamos em agosto de 1914. Nietzsche tem setenta anos. Lou, cinqüenta e três. Aqui estão, quarenta anos após se encontrarem pela primeira vez em Roma...

Nietzsche continua a ter a mesma abundante cabeleira mas a crina está branca. Raspou o bigode. É um belo ancião, que se mantém ereto sobre as pernas, sem bengala. Lou também tem um belo aspecto. Sua testa grande sempre exposta, seu olhar de fogo. Sempre em seus casacos de pele e suas estolas.

Estão num porto, Marselha ou Le Havre, prontos para embarcar. Não estão juntos, não pegam o mesmo barco. Cruzam-se mas não se reconhecem. Nietzsche embarca para a América.

Não suporta aquela Europa que acaba de entrar em guerra.

Suas tristes predições se confirmaram: a carnificina de 1914 está começando, ela vai destruir o Velho Continente.

Nietzsche viaja só ou acompanhado? Com a idade, sua vista não melhorando, ele precisa de alguém. Mas quem pode cuidar dele? Quem pode remendar suas meias? A Sra. Roeder está morta.

Pensar a sobrevivência de Nietzsche é impossível.

E no entanto é preciso. É preciso parar de se colocar a repisada questão "ele morreu de quê?" para se perguntar "como poderia ter sobrevivido?".

Proponho-lhes trocar o enigma de sua morte pelo enigma de sua sobrevivência.

Com o que teria parecido um Nietzsche no entre-guerras? Onde teria desembarcado? O que teria feito com seu sucesso mundial? Pois o sucesso veio, enfim, colossal, no momento mesmo em que ele afundava na doença. Em poucos anos, Nietzsche se tornou um filósofo mundialmente reconhecido, um autor de sucesso, um homem rico e procurado. É aí que tocamos no impensável.

Pois, Sr. Presidente, meus caros confrades, não se pode imaginar um Nietzsche rico e célebre. A supor que a derrelição não o tivesse matado, o sucesso o teria fulminado. Podemos imaginar Nietzsche dando conferências, concedendo entrevistas à imprensa, oferecendo a cara aos fotógrafos, assinando autógrafos, contando nas revistas seus amores fracassados com Lou?

Os senhores imaginam Nietzsche à frente de uma imensa fortuna, gerindo seus direitos autorais? Eu não!

Sem contar as mulheres, admiradoras histéricas e esposas candidatas, que se teriam atropelado em batalhões inteiros e em fileiras cerradas à sua porta para povoar a solidão do grande homem, sem contar as aspirantes criadoras prontas para recolher a semente do gênio para tentar reproduzir no ventre pequenos Nietzsche! Mas o gênio não se reproduz. Nietzsche não pode fazer filhos. De modo algum. Mas pelo pensamento? Já que não somos seus filhos de carne, podemos a ele nos afiliar pelo pensamento e nos tornar seus filhos espirituais? Não creio tampouco[1].

---

[1] Tema caro a Botul: "Os filósofos se reproduzem entre si, sem sexo, por meios complexos que se chamam afiliação, agregação, amizade. Suas matrizes chamam-se escolas, banquetes, salões, universidades. E eis como se reproduz a espécie sem laços de sangue. Filosofar é afiliar-se a pais espirituais, é fazer como se pudéssemos passar sem mães" (*La Vie sexuelle d'Emmanuel Kant*, Paris, Mille et une nuits, 1999, p. 75).

Então?

Então, faltou uma fagulha para que o Espírito Nietzsche tomasse forma. O Espírito Lou "tomou", como uma cristalização, uma polimerização. Lou foi a "polimãe" das Lulu e das Lulita. Pois algo estava nela que não lhe pertencia, cuja presença ela sentia, e da qual procurava libertar-se. Algo que ela não sabia nomear[2].

Quanto a Nietzsche, o que o possuía era evidentemente a filosofia. Ele aspirava livrar-se dela, passar para o outro lado do espelho, em direção à música e à poesia. Como fazer quando se caiu dentro pequeno? Um outro filósofo poderia tê-lo inspirado, é Ludwig Wittgenstein, um primo espiritual, ele também ameaçado pela loucura, que visa "a paz no pensamento", não a solução dos problemas filosóficos mas a dissolução deles na vida e na maneira de vida. Graças a Wittgenstein, Nietzsche poderia ter compreendido que não é a filosofia cristã que é uma doença, mas toda forma de filosofia. E que é preciso livrar-se dela não com respostas novas mas por uma recusa das velhas questões. Então, os seus herdeiros não são pessoas que pensam como os senhores mas que, graças aos senhores, vivem de outro modo[3].

---

[2] Eis o que disso diz Poul Bjerre: "Ela aspirava ficar livre de sua forte personalidade, mas não conseguia. Na acepção mais profunda do termo, Lou era a mulher não libertada" (H. F. Peters, *op. cit.*, p. 273).

[3] Wittgenstein, Paul Rée, mesma luta? Roland Jaccard afirma: "Como Wittgenstein, [Rée] julgava aflitivo o espetáculo que oferecem muitos filósofos ocupados em sobrecarregar de sentido um mundo que exala sofrimento e destila absurdo. Ao lado deles, Nietzsche parece incrivelmente falante e confiante no prestígio da escrita, inapto a compreender que a escrita é o meio expressivo vulgar por excelência (tese incansavelmente sustentada por Cioran)" (*L'Imbécile*, nº 1, abril 2004). No mesmo artigo, Jaccard cita esse juízo de Paul Rée sobre seu amigo Nietzsche: "Ele quis conquistar a glória a qualquer preço. A vaidade mórbida assim produziu suas obras espirituais e belas, mas, em suma, careteiras, patológicas e loucas."

Para desfazer esse nó filosófico que ele passara em volta do pescoço, Nietzsche devia primeiro "abandonar a casa", para retomar a fórmula do Buda de sua predileção. Que casa? Não o lar familiar que ele não quisera fundar, mas a casa Europa, com seu público, seus editores, seus advogados.

Mas para ir aonde?

Herr Doktor não tinha a canalhice de Arthur Rimbaud e não o vejo na África nas vestes de um comerciante de armas ou de um traficante de ópio.

Para falar a verdade, imagino-o antes de partida para o México, atraído pela arte primitiva dos índios, cultivando o anonimato na multidão indiferente de um país pobre. Ele poderia ter encontrado Antonin Artaud, o único verdadeiro nietzscheano deste século.

Imagino-o antes subindo para a Califórnia, fascinado pelo cinema nascente, descobrindo com delícia o prazer das salas escuras onde seus olhos doentes, nada mais tendo a temer da luz solar, poderiam ter-se deixado acariciar pelo cintilar de uma tela.

Imagino-o, também, num clube enfumaçado, descobrindo uma música que ia conquistar o mundo. Não era, decerto, a de Wagner, como ele acreditou em seus jovens anos. Era o jazz! Ele teria ouvido os primeiros acentos dessa música dionisíaca, uma música de alegria e inocência saltitante, capaz de exprimir "o excesso dourado do mundo[4]". O que Nietzsche esperava de Wagner para a Europa, o jazz o deu às nações: uma arte da superabundância, da espontaneidade, da alegria incondicional. Aquilo de que Nietzsche gostava tanto em Bizet e em sua "Carmen" – aquela "alegria africana", como ele diz –, o jazz podia fornecer-lhe abundantemente. Sim, essa música nova podia purgar o homem mo-

[4] Versos do poeta alemão Keller ("*Das golden Überfluss der Welt*").

derno de seus vapores melancólicos e niilistas, melhor que o jeito pesadão de Wagner.

Nietzsche teria enfim dançado. Disso estou seguro, ele teria então preferido uma única Ella Fitzgerald a dez Valquírias!

Teria feito a grande limpeza e começado tudo do zero. Não, um filósofo não é forçosamente solitário, casto, profético! Sim, um filósofo também pode ser uma mulher! Ele teria compreendido que há uma idade para tudo, inclusive para a filosofia e que, a filosofar até o fim da vida, só há as crianças mais velhas e os adolescentes prolongados.

Assim, ele deixou essa Europa bêbada de sangue e massacres. Toda essa cultura acumulada para acabar em Verdun e no gás mostarda!* Nessa Europa, ele só deixou sua marca, o rastro inapagável de seus passos, uma leve depressão capaz de provocar, certos dias, sob o golpe do meio-dia, um sopro imperceptível, como o roçar do espírito que visita o viajante só no deserto de uma grande cidade.

Aquele que tem um livro para escrever e se encontra só num quarto de hotel de uma cidade desconhecida, esse homem, ou essa mulher, é forçosamente visitado pelo espírito de Fritz que lhe cantarola uma canção de esperança:

"O que vivi, você pode viver uma infinidade de vezes mas prestando mais atenção que eu."

Cuidado com o coração, com o sexo, com os olhos!

[...]

Volto a meu improvável encontro no cais entre Nietzsche e Lou.

* Verdun, "O inferno de Verdun", principal batalha da 1ª guerra mundial, com aproximadamente 350.000 soldados mortos de cada lado. O gás mostarda foi a primeira arma química moderna, introduzida pelos alemães durante a 1ª guerra. (N.T.)

Se não conseguem se reconhecer, não é só porque a idade os mudou. O que faz a idade nessa história? Um olhar de Lou bastaria para traí-la sob seus cabelos brancos. E, em 1914, os olhos de Nietzsche, inimitáveis, sempre estão voltados para o interior.

No entanto ninguém, nem mesmo Ela, pode reconhecê-lo. Por quê?

Porque, ao embarcar para o Novo Mundo, Nietzsche enfim encontrou o acessório que lhe salva a vida e a vista. É assim que devemos imaginá-lo vivo em 1914: de óculos escuros.

FIM

Elementos biográficos

A vida de Jean-Baptiste Botul é mal conhecida. Só as datas de nascimento e de morte são consideradas certas.

1896. 15 de agosto. Nascimento em Lairière (Aude), de pais desconhecidos.
1904. Encontra Baden-Powell.
1913. Maio. Noivado fracassado com Marthe Betenfeld (mais conhecida em seguida sob o nome de Marthe Richard).
1914. Agosto. Botul se refugia na Argentina para escapar da mobilização. Professor de tango, chofer de táxi, funda a "taxicanálise". Fracasso total.
1917. Misteriosa missão no atol de Clipperton. Mandatário pelo governo francês, encontra Zapata e Pancho Villa no México.
1919. Início da correspondência com Henri-Désiré Landru. Inscrição na Sorbonne em filosofia.
1920. Breve ligação com a princesa Marie Bonaparte. Missão na Cilícia.
1923. Breve ligação com Lou Andreas-Salomé.

1930. Correspondência amorosa com Lou Andreas-Salomé.
1931. Ajuda o general Lyautey a preparar a Exposição Colonial no bosque de Vincennes.
1932. Acolhido pela condessa Émilienne de Queylard, Botul redige, mediante pagamento, teses para os estudantes da Sorbonne.
1934. Encontro provável com Stefan Zweig.
1936. Verão. Breve ligação com Simone de Beauvoir.
1937. Botul, que virara chofer de táxi em Paris, é acusado de corrupção de menores na pessoa de Héloïse Poisson.
1938. 23 maio. Conferência de Pittsburg "Todos unidos pela disputa!" (mimeografado).
1942. Ajudante-de-ordens de André Malraux. Participa da libertação da Alsácia.
1945. Viagem ao Paraguai. Conferências em Nueva-Königsberg. Botul se desentende com Jean Cocteau.
1947. 15 de agosto. Morte em Lairière na indiferença geral.

De tradição oral, Botul não deixou nenhum escrito filosófico. Não existem transcrições de suas conferências, ditos espirituosos, conversas de mesa. A Associação dos Amigos de Jean-Baptiste Botul (botul.free.fr) trabalha pela reabilitação desse filósofo injustamente esquecido.

Referências bibliográficas

OBRAS DE JEAN-BAPTISTE BOTUL

- *La Vie sexuelle d'Emmanuel Kant*, edição crítica estabelecida por Frédéric Pagès, Mille et une nuits, 1999.
- *Landru, précurseur du féminisme*, Correspondência inédita entre Henri-Désiré Landru e Jean-Baptiste Botul, edição estabelecida por Christophe Clerc e Bertrand Rothé com um posfácio de Jacques Gaillard, Mille et une nuits, 2001.

SOBRE JEAN-BAPTISTE BOTUL E SEU PENSAMENTO

- *Cahiers de l'Enclume*, nº 1, Ateliers du Gué, 1999.
- *Cahiers de l'Enclume*, nº 3, Ateliers du Gué, 2000.

Companhia de Freud
editora

OBRAS PUBLICADAS

Psicanálise e Tempo
Erik Porge

Psicanálise e Análise
do Discurso
Nina Leite

Letra a Letra
Jean Allouch

Mal-Estar na Procriação
Marie-Magdeleine Chatel

Marguerite ou
"A Aimée" de Lacan
Jean Allouch

Revista Internacional nº 1
A Clínica Lacaniana

A Criança na Clínica Psicanalítica
Angela Vorcaro

A Feminilidade Velada
Philippe Julien

O Discurso Melancólico
Marie-Claude Lambotte

A Etificação da Psicanálise
Jean Allouch

Roubo de Idéias?
Erik Porge

Os Nomes do Pai
em Jacques Lacan
Erik Porge

Revista Internacional nº 2
A Histeria

Anorexia Mental, Ascese, Mística
Éric Bidaud

Hitler – A Tirania e a Psicanálise
Jean-Gérard Bursztein

Littoral
A Criança e o Psicanalista

O Amor ao Avesso
Gérard Pommier

Paixões do Ser
Sandra Dias

A Ficção do Si Mesmo
Ana Maria Medeiros da Costa

As Construções do Universal
Monique David-Ménard

Littoral
Luto de Criança

Trata-se uma Criança – Tomos I e II
Congresso Internacional de Psicanálise
e suas Conexões – Vários

O Adolescente e o Psicanalista
Jean-Jacques Rassial

— Alô, Lacan?
— É claro que não.
Jean Allouch

A Crise de Adolescência
Octave Mannoni e outros

O Adolescente na Psicanálise
Raymond Cahn

A Morte e o Imaginário na Adolescência
Silvia Tubert

Invocações
Alain Didier-Weill

Um Percurso em Psicanálise
com Lacan
Taciana de Melo Mafra

A Fantasia da Eleição Divina
Sergio Becker

Lacan e o Espelho Sofiânico de Boehme
Dany-Robert Dufour

O Adolescente e a Modernidade – Tomos I, II e III
Congresso Internacional de Psicanálise
e suas Conexões – Vários

A Hora do Chá na Casa dos Pendlebury
Alain Didier-Weill

W. R. Bion – Novas Leituras
Arnaldo Chuster

Crianças na Psicanálise
Angela Vorcaro

O Sorriso da Gioconda
Catherine Mathelin

As Psicoses
Philippe Julien

O Olhar e a Voz
Paul-Laurent Assoun

Um Jeito de Poeta
Luís Mauro Caetano da Rosa

Estética da Melancolia
Marie-Claude Lambotte

O Desejo do Psicanalista
Diana S. Rabinovich

Os Mistérios da Trindade
Dany-Robert Dufour

A Equação do Sonhos
Gisèle Chaboudez

Abandonarás teu Pai e tua Mãe
Philippe Julien

A Estrutura na Obra Lacaniana
Taciana de Melo Mafra

Elissa Rhaís
Paul Tabet

Ciúmes
Denise Lachaud

Trilhamentos do Feminino
Jerzuí Tomaz

Gostar de Mulheres
Autores diversos

Os Errantes da Carne
Jean-Pierre Winter

As Intervenções do Analista
Isidoro Vegh

Adolescência e Psicose
Edson Saggese

O Sujeito em Estado Limite
Jean-Jacques Rassial

O que Acontece no Ato Analítico?
Roberto Harari

A Clínica da Identificação
Clara Cruglak

A Escritura Psicótica
Marcelo Muniz Freire

Os Discursos e a Cura
Isidoro Vegh

Procuro o Homem da Minha Vida
Daniela Di Segni

A Criança Adotiva
Nazir Hamad

Littoral
O Pai

O Transexualismo
Henry Frignet

Psicose, Perversão, Neurose
Philippe Julien

Como se Chama James Joyce?
Roberto Harari

A Psicanálise: dos Princípios
Ético-estéticos à Clinica
W.R. Bion – Novas Leituras

O Significante, a Letra e o Objeto
Charles Melman

O Complexo de Jocasta
Marie-Christine Laznik

O Homem sem Gravidade
Charles Melman

O Desejo da Escrita em Ítalo Calvino
Rita de Cássia Maia e Silva Costa

O Dia em que Lacan me Adotou
Gérard Haddad

Mulheres de 50
Daniela Di Segni e Hilda V. Levy

A Transferência
Taciana de Melo Mafra

Clínica da Pulsão
Diana S. Rabinovich

Os Discursos na Psicanálise
Aurélio Souza

Littoral
O conhecimento paranóico

Revista Dizer - 14
A medicalização da dor

Neurose Obsessiva
Charles Melman

A Erótica do Luto
Jean Allouch

Um Mundo sem Limite
Jean-Pierre Lebrun

Comer o Livro
Gérard Haddad

Do pai à letra
Hector Yankelevich

A experiência da análise
Norberto Ferreyra

A fadiga crônica
Pura H. Cancina

O desejo contrariado
Robert Lévy

Psicanálise de Crianças Separadas
Jenny Aubry

Lógica das Paixões
Roland Gori

Um Narrador Incerto, Entre o Estranho e o Familiar
Lucia Serrano Pereira

Gide-Genet-Mishima
Catherine Millor

Dependência Química na adolescência
Hélio Fernandes Mattos

O Sexo Conduz o Mundo
Colette Chiland

Um Homem de Palavra
Nazir Harnad

A Arte de Reduzir as Cabeças
Dany-Robert Dufour

Poetas, crianças e criminalidade... sobre Jean Genet
Alba Flesler / Claudio Martyniuk / Fernando Sabsay / Isidoro Vegh

A Paixão do Sujeito Freudiano
Bernard Penot

Clínica Lacaniana: As Homossexualidades, Revista Internacional n. 2

A Escola do Sujeito
Claude Dumézil

A Significação do Falo
Diana Rabinovich

A Angústia e o Desejo do Ouro
Diana Rabinovich

O Próximo
Isidoro Vegh

Sombra do Teu Cão
Jean Allouch

Crueldade no Feminino
Sophie de Mijolla-Mellor e Julia Kristeva

A Descoberta de João
Marcelo Pio da Costa

Separações Necessárias
Emilio Rodrigué

Os nomes Indistintos
Jean-Claude Milner

Lacaniana I
Moussapha Safouan

Psicanálise e Saúde Mental
Sonia alberti e Ana Cristina Figueiredo (org.)

O Caminhante Analítico
Victor Smirnof

Figuras do Real
Ginette Michaud

Do Amor do Outro ao Amor de Si
Patrick Delaroche

A Topografia de Lacan
Jean-Paul Gilson

O Conhecimento Paranóico
Revista Litoral

Letra e Pulsão de Morte
André Green

Enigma do Incesto
Laure Rozen

O Inferno do Dever
Denise Lachaud

A Quarta Mulher
Paul Tabet

Lacaniana: Os Seminários de Jacques Lacan - 2 1964-1979
Moustapha Safouan

Dez Conferências de Psicanálise
Moustapha Safouan

Estados de Abandono
Jacques André

Transferência e Estados Limites
Jacques André

Da Paixão
Jacques André

A Anatomia da Terceira Pessoa
Guy Le Gaufey

A Criança no Espelho
(Freud Wallon Lacan)
Émile Jalley

A Sombra do Teu Cão:
discurso analítico e discurso lésbico
Jean Allouch

A Violência na Adolescência
Pierre Kamerer

Para uma Clínica do Real
Isidoro Vegh

O Fracasso do Fantasma
Silvia Amigo

As Figuras do Real
Patrick Delaroche

A ambivalência Materna
Michele Benhaim

Oriente Médio: Povos Autoritários
Sociedades Bloqueadas
Philippe Draz Vincent

Dicionário da Sexualidade Humana
Philippe Brenot

Dicionário da Justiça
Löic Cadiet

O Jornalista e seu Poder
Gerard Spitéri

O desejo contrariado
Robert Lévy

Michel Foucault: a Inquietude da História
Mathieu Potte-Bonneville

O Sexo do Mestre
Jean Allouch

Psicoterapia-Psicanálise-Didática 1 - debates
Analyse Freudienne Presse

Psicoterapia-Psicanálise-Didática 2 - debates
Analyse Freudienne Presse

A Pulsão de Morte
Michel Plon (org.)

A Crueldade no Feminino
Sophie de Mijolla-Mellor

O Autor do Crime Perverso
Marie-Laure Susini

Por Que Não Há Relação Sexual?
Roberto Harari

A Saúde Totalitária
Roland Gori

A Morte de Deus
Dany-Robert Dufour

O Inferno do Dever
Denise Lachaud

A Ambivalência da mãe
Michèle Benhaïn

Psicanálise de Pais
Durval Checchinato

Impresso por:

Edil
Artes Gráficas

Tel/Fax: (21) 2159 7979
E-mail: edil@edil.com.br